FELGINES M.J. 94

BIBLIOTHÈQUE CONTEMPORAINE

HUGUES LE ROUX

JE
DEVIENS COLON

— MŒURS ALGÉRIENNES —

PARIS
CALMANN LÉVY, ÉDITEUR
RUE AUBER, 3, ET BOULEVARD DES ITALIENS, 15
A LA LIBRAIRIE NOUVELLE

1895

JE DEVIENS COLON

— MOEURS ALGÉRIENNES —

CALMANN LÉVY, ÉDITEUR

DU MÊME AUTEUR

Format grand in-18.

MARINS ET SOLDATS................	1 vol.
LES MONDAINS.....................	1 —
TOUT POUR L'HONNEUR..............	1 —
GLADYS...........................	1 —
CONFIDENCES D'HOMMES.............	1 —
NOTES SUR LA NORVÈGE.............	1 —
LE FESTÉJADOU....................	1 —

Droits de traduction et de reproduction réservés pour tous les pays, y compris la Suède, la Norvège et la Hollande.

IMPRIMERIE CHAIX, RUE BERGÈRE, 20, PARIS. — 14676-7-95. — (Encre Lorilleux).

HUGUES LE ROUX

JE

DEVIENS COLON

— MOEURS ALGÉRIENNES —

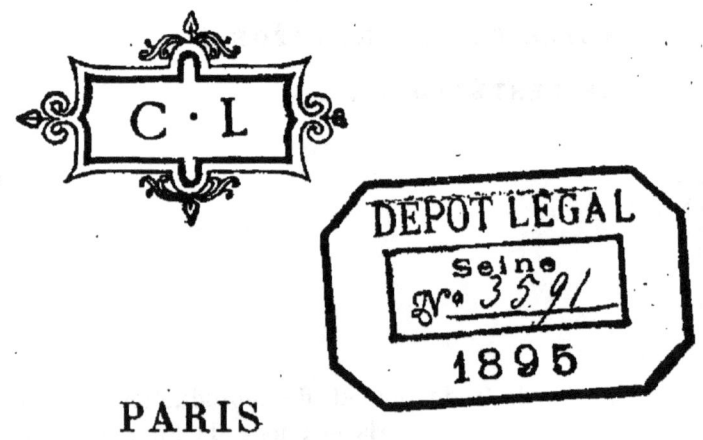

PARIS
CALMANN LÉVY, ÉDITEUR
ANCIENNE MAISON MICHEL LÉVY FRÈRES
3, RUE AUBER, 3

1895

A

MONSIEUR LEYGUES

MINISTRE DE L'INTÉRIEUR

J'offre ce livre de bonne foi.

H. L. R.

AVANT-PROPOS

Lettre de Eric C... à son ami Hugues Le Roux.

N..., novembre 1892.

« ... On t'a dit vrai, mon cher Hugues Le Roux : je suis las des dépêches de Bourse, qui vous poursuivent jusque dans votre lit, las des coups de téléphone, qui vous assassinent. A la fin du mois, on enlèvera la plaque de cuivre qui accrochait mon nom sur la porte d'un bureau ; à la fin de l'année, je serai où il plaira à Dieu, mais quelque part où l'on vive, dans un refuge, où, du matin au soir, un honnête homme ne sente pas sa conscience étranglée, comme s'il avait transgressé la loi.

» Tu le sais, mon ami, je n'ai jamais eu pour ce qu'ils appellent « les affaires » un penchant bien vif. Le mal qu'elles ont fait à nos pères me les avait rendues suspectes. Hélas ! les pauvres gens ! Ils avaient été élevés dans cet honneur du négoce que notre bourgeoisie ne mettait au-dessous d'aucun autre honneur, parce qu'elle connaissait sa susceptibilité. C'était une éducation vraiment libérale. Aux convoitises de l'égoïsme, elle donnait pour limite le respectable intérêt d'autrui. En ce temps-là, le crédit d'un négociant avait pour première assise sa valeur morale. L'estime qu'elle lui méritait dépassait les frontières d'un pays, d'un continent. A une époque où les communications étaient difficiles, toujours lentes, une bonne renommée de probité procurait, au delà des mers, les « correspondants » qui faisaient la fortune d'un négociant. C'étaient des amis sûrs. On se reposait sur leur solidité. On entendait qu'ils tirassent d'une affaire un gain légitime. On jugeait que ces ménagements étaient profitables aux deux parties : ils assuraient la stabilité des comptoirs ; puis, après trente années de travail, ils donnaient l'aisance modeste, dont on se contentait en ce temps-là. C'était affaire aux fils de ces honnêtes gens d'entretenir, par les mêmes procédés, le lustre du nom paternel. Les continuateurs d'une raison sociale estimaient des relations nombreuses et anciennes comme le meilleur de leur héritage.

» Je crois bien que ces mœurs auraient duré autant que nous si les colonies et l'Amérique n'avaient pas produit une génération spontanée de gens d'affaires qui ont transporté dans le monde commercial les coutumes des placers. En même temps, les facilités de la vapeur et du télégraphe diminuaient le prix d'une parole d'honneur, valable à de lointaines échéances. Des nouveaux venus firent des offres au bout américain du câble. Ils encaissaient les bénéfices du succès et s'évanouissaient en cas de perte. A la faveur du désarroi causé par ces surprises, on vit paraître sur le marché européen des agents cosmopolites qui allaient servir de courtiers et d'indicateurs. Ces gens-là devinrent si entièrement maîtres de nos places, qu'il fallut ou liquider ou passer par leurs mains.

» Nos pères entraient dans la vie commerciale à cette minute où elle se transformait. Ils furent effrayés et désorientés. Ils ne pouvaient se façonner à cette idée que les affaires seraient désormais une duperie, que le négociant nouveau traiterait de Turc à Maure les inconnus, les anonymes contre lesquels il jouait une partie sans revanche ; que les mœurs d'une place deviendraient celles d'un tripot, que l'on y apporterait des cartes biseautées, que l'on y regarderait dans le jeu de son adversaire, que l'on y jouerait sans argent. Un jour, dans cette forêt, on leur demanda la bourse ou l'honneur. Ils choisirent dans l'esprit de leur tradition, avec l'espoir que dans un pareil naufrage leur nom s'augmenterait au moins de l'estime publique.

» Ils devaient être déçus dans cet espoir comme dans les autres. Devant l'indifférence ou l'ironie qui accueillit leur sacrifice, ils n'osèrent plus dire à leurs enfants :

» — Faites comme nous.

» Ils disparurent plutôt que de se résigner à leur dire :

» — Faites comme eux.

» Nous autres, les fils de ces ruines, nous avons jugé que nos pères avaient tendu la gorge trop bénévolement. Nous nous sommes promis de combattre nos adversaires avec leur stratégie et leurs armes. Notre génération a accepté la bataille qu'on lui offrait sur le terrain de la spéculation.

» Se peut-il que cette folie soit pour des années encore la forme principale de l'activité commerciale? En ce cas, il faudra réformer les mœurs françaises. La spéculation ne peut pas s'accommoder de la probité, du goût d'honneur qui fait le fonds de notre caractère. Fatalement, elle amène le joueur à risquer au delà de ses ressources, puisque l'écart des fluctuations possible demeure inconnu. Par l'excès de ses gains et de ses pertes, elle est corruptrice de cette politesse qui fut notre vertu nationale et qui s'affinait en plusieurs générations d'aisance bourgeoise. Elle impose toutes les promiscuités, tous les compromis, l'instinct de la jouissance immédiate, la brutalité, le cynisme d'un cercle de ville d'eaux. Par hérédité et par éducation, nous sommes si peu adaptés à ces convulsions du *struggle,* que tous les nôtres y succombent, les uns pour s'être fait porter par le flot, les autres pour avoir mis leur corps en travers du mascaret.

» Je fus des premiers. J'ai connu les joies du gain, les abattements de la perte, l'angoisse de l'attente. On rentre le soir dans sa maison. On est assis avec sa femme et ses enfants, sous la lampe. Le journal arrive : vite les dernières nouvelles. Une dépêche a été transmise après la fermeture de la Bourse. Le « portugais » baisse, le cuivre monte.

» On pense :

» — Demain peut-être nous serons dans la rue, le foyer renversé, tous les rêves finis.

» Quelle nuit ! On s'use à ce métier. D'autant plus que la conscience y souffre. Oui, la conscience. Je n'ai pas des nerfs de femme, ni des dégoûts d'aristocrate. Je suis un bourgeois, fils de bourgeois ; je veux demander mon pain à mon travail ; je me passionne autant qu'un autre sur le profit d'une affaire. Eh bien, pendant tout ce temps que j'ai spéculé, je n'ai pas éprouvé un jour la sensation réconfortante que le travail donne. J'ai vécu dans l'inquiétude de la sonnette comme un homme qui a fait un coup. Pas une fois, dans les minutes d'angoisse, je n'ai entendu en moi cette voix qui parle à certaines heures et dit à l'honnête homme dans la peine :

» — Qu'importe... tu as fait ton devoir.

» C'est à toi, mon cher ami, que je parle de « conscience ». Voilà un mot que je n'aurais pas osé prononcer, hier encore, dans le milieu où je vivais. Les spéculateurs parlent non de leur conscience mais de leur « estomac ».

» Ils disent :

» — Un Tel a de l'estomac... Un Tel n'en a pas.

» Ils entendent par là qu'Un Tel peut suspendre ses payements, s'enrichir dans une banqueroute légale sans perdre l'appétit. Et l'on considère cette faculté comme une supériorité enviable.

» Le ciel ne me l'a pas octroyée. Six années de spéculation m'ont si profondément atteint dans le goût de vivre, que j'ai décidé de sortir de la bagarre. Il en est temps : mon expérience ne me coûte pas encore trop cher.

» Voici comment je la formule : il y a décidément deux variétés d'hommes : l'égoïste, qui vit de l'heure ; le familial, héritier d'une tradition qu'il veut transmettre. La vie d'un joueur n'est pas faite pour ce consciencieux que je suis. Elle impose le sacrifice de toutes les joies du foyer sans même assurer pour le lendemain le bien-être matériel. Elle taxe à remords les progrès d'un luxe où l'on se sent campé. Elle façonne à des rouéries auxquelles un père, respecté dans la maison, a honte, au seuil du bureau, d'initier ses fils.

» Je profiterai de ce que mes enfants sont encore petits, de ce que la vie familiale suffit à ma femme comme à moi-même pour créer quelque part une œuvre de travail. Quelle forme prendra cette activité nouvelle ? Je sais seulement que l'âme y aura sa part comme le corps et qu'un jour, s'il plaît à Dieu, les enfants y pourront soutenir et récolter l'effort de leurs parents.

» A toi,

» ÉRIC. »

« *P.-S.* — Pour réfléchir à loisir, nous allons tout d'abord passer un hiver de repos, au soleil, probablement en Algérie. »

El-Kseur, 6 février 1893.

« Te souviens-tu d'Hesbert, notre camarade de régiment, cet autre bon Normand qui est parti à la Plata pour élever des chevaux ? Ici, j'ai rencontré son frère un jour qu'il était venu se ravitailler à Alger. Il a créé une ferme en Kabylie. Il vit dessus avec sa femme et ses enfants. Il m'a invité à lui rendre visite dès que les neiges seraient fondues. Je me suis mis en route avec plaisir, c'est de chez lui que je t'écris.

» Imagine-toi une plaine, en cette saison très verdoyante ; des montagnes la cernent de trois côtés, le quatrième, par où une rivière s'enfuit, incline vers la mer. Sur le sommet des montagnes, de la neige pendant quatre mois de l'année ; dans la plaine, des bois d'oliviers, des terres fécondes où Hesbert a planté cinquante hectares de vigne.

» Il est arrivé dans cette vallée il y a onze ans, robuste, énergique, garçon, riche surtout d'espérances. Et les débuts ont été durs. Il fallait tout créer. En quittant l'abri de planches où il logeait avec un compagnon, Hesbert installait lui-même son pot-au-feu sur des souches. Plus d'une fois, au retour, il trouva sa soupe évaporée et la viande desséchée au fond de la marmite. Aujourd'hui, sa ferme lui rapporte, bon an, mal an, de vingt-cinq à trente mille francs. Il emploie constamment une douzaine de Kabyles, militairement disciplinés. Le matin, on fait l'appel des hommes, on distribue le travail. Jusqu'à onze heures, on monte à cheval pour visiter les ouvriers à leur besogne et les bêtes au pâturage. On apporte au repas un robuste appétit. La journée passe dans les mêmes surveillances, dans la même activité saine. A l'occasion, on prend son fusil, on chasse. Faut-il te dire que les soirées sont courtes ?

» Hesbert s'est marié il y a sept ans. Il a épousé une Suissesse, dont le frère cultivait des terres à quelques lieues d'El-Kseur. Dans de fréquents voyages en Algérie, cette jeune fille avait été initiée à la vie des colons. Elle l'avait trouvée enviable. C'est une femme sérieuse et instruite. Elle est, bien entendu, la maîtresse d'école de ses enfants, l'intendant de son mari.

» Dans cet intérieur respectable et solide, j'ai eu des émotions vives. Je comparais ce bonheur tranquille à l'existence que j'ai menée dans les milieux d'affaires.

» Je me disais :

» — Cette vie peut encore être tienne.

» J'en ai parlé à Hesbert et nous avons analysé ensemble ces impressions.

» Elles ne sont point chez moi cet enfantillage de l'homme de ville, qui entrevoit l'existence rustique entre deux parties de campagne et prend pour l'amour de la terre la lassitude de son bureau. Depuis l'enfance j'ai passé mes vacances dans des fermes. Les bêtes, surtout les chiens et les chevaux, ont toujours tenu une grande place dans mes amitiés. Je ne prenais pas garde à eux par genre ou par égoïsme, pour le plaisir qu'ils peuvent donner dans une chasse, dans un *rally-paper*. Je les tenais pour des compagnons dont je devinais les tempéraments, les besoins, les pensées. Dans ce goût, j'ai fait de l'élevage et du maquignonnage pour le plaisir. Mon chenil était célèbre en Normandie ; les chevaux sortaient formés de mes mains.

» Lorsque mes occupations m'obligeaient de fouler les dalles de la Bourse, je considérais comme une école buissonnière toutes les heures que je dérobais à la hausse et à la baisse pour les consacrer à mes animaux favoris. J'avais dans cette fantaisie l'inquiétude d'un écolier, qui élève des vers à soie derrière la planche de son pupitre. Mais maintenant pourquoi ne bâtirai-je pas une existence nouvelle sur cet instinct qui tient à mes moelles et qui, sans doute, est en moi l'effet de quelque hérédité ?

» L'avis d'Hesbert est net :

» — Si vous voulez « faire des bêtes », non pas comme un sport, non pas comme un élevage théorique, mais comme un commerce rude, vous en tirerez un intérêt bel et sûr de votre argent. A l'heure qu'il est, en Algérie, le maquignonnage des bestiaux vaut plus que la vigne elle-même.

» J'ai médité ce conseil et mon parti est pris.

» Je chercherai, quelque part sur la côte, une ferme telle que je la souhaite. Si je ne trouve point ce qu'il me faut, eh bien, je bâtirai, je ferai retraite dans cette vie saine, jusqu'au jour où mes fils auront l'âge de continuer mon œuvre et de la perfectionner. Si leurs goûts et leurs dons les détournent de cette existence rustique, je reviendrai avec eux au pays. Alors j'aurai, par un travail honnête, acquis le droit au repos.

» Je te dis : « Mon parti est pris. » Il est clair que ma résolution reste soumise à l'agrément de ma femme. Je pèse à son prix le sacrifice que je lui demande. Il est pour elle plus sérieux encore que pour moi, je ne lui ferai pas une peinture trop flatteuse de la vie qui nous est réservée. Je m'attends à des résistances. Elles viendront non d'un goût vif pour le monde et ses plaisirs, mais de l'honnêteté d'un esprit habitué à pousser sans faiblesse au bout de toutes les résolutions. Si la solitude effraie Lizzie, la certitude que notre bonheur y sera plus en sûreté que dans le tourbillon de la vie ancienne vaudra beaucoup pour déterminer son choix.

» Je la vois donc déjà sortie de terre, cette demeure où nos esprits et nos cœurs trouveront le repos, où nos corps se fortifieront dans de robustes fatigues, où l'effort du jour se haussera, ainsi que sur une marche, sur l'effort du lendemain.

» Faut-il te dire, ami, que cette maison arabe aura son appartement des hôtes ?

» ÉRIC. »

Ferme d'Haouche-bou-Akra, 3 octobre 1894.

« ... Un appartement des hôtes qui vous attend, toi, ta femme, tes enfants, s'il est vrai que notre rusticité à peine installée ne vous effraye pas, si vous préférez la lumière algérienne à vos plaisirs d'hiver, notre liberté de solitaires aux profits de votre vie parisienne.

» Deux ans, ou plutôt dix-huit mois, c'est peu pour faire sortir de terre une maison, une ferme, des légumes, du blé, des arbres. C'est peu pour plier des gens de ville aux fatigues des besognes physiques, pour aguerrir des Européens contre les traîtrises de la fièvre. C'est assez pour mettre un rêve debout, pour dépouiller le vieil homme, pour faire un bon colon avec un spéculateur écœuré.

» Si j'étais homme de coquetteries, je te dirais :

» — Remettez votre voyage à deux ans. Vous nous trouverez avec toutes nos plumes.

» Tu préfères arriver au moment où le poulet sort de sa coquille. C'est votre affaire. Mon devoir à moi est de vous peindre les choses comme elles sont pour vous éviter une déconvenue.

» D'abord, j'avertis la femme que le chemin qui la hissera jusque chez nous n'est guère qu'une piste à travers les terres. Les chariots qui montaient dans la montagne les matériaux de nos bâtisses l'ont tracée au petit bonheur. J'y ai mis du caillou par endroits, et cela va à peu près quand le soleil brille. Mais quand il pleut? Alors il faut prendre patience, le chemin s'efface et l'on se noie dans deux ravins transformés en torrents. Ce n'est vraiment dangereux que la première fois. De même, bien que nous ne sonnions pas le couvre-feu, il est toujours prudent de rentrer au logis avant le coucher du soleil. Plus d'une fois, en rentrant le soir, avec Lizzie, nous avons dû dételer sur place, monter les chevaux, abandonner la voiture en détresse. Tu éviteras cet inconvénient et le précédent en restant au logis, quand il fait mauvais temps ou quand il n'y a pas de lune.

» Et tu ne t'y ennuieras point, si seulement tu veux mettre les yeux dans les manuels techniques qui te raconteront ce pays, ses cultures, son élevage, ses misères et ses espoirs, si tu veux contrôler la pratique par la théorie, si tu te mets franchement à notre point de vue de colons.

» Quant aux soirées?... Je sais bien, voilà le point noir pour les gens de ville que vous êtes. Vous vous demandez :

» — Comment passe-t-on ses soirées dans le Bouzegza pendant l'hiver?

» Mon Dieu, mon cher ami, je te répondrai franchement :

» On les supprime.

» Tu ris? Écoute la leçon de l'expérience.

» Au début, nous avions honte de nous écrouler sur nos chaises au milieu du souper. Alors j'avais pris le parti de poser ma montre sur la table. J'avais décidé :

» — On ne se couchera pas avant neuf heures.

» Et je faisais des efforts loyaux pour soutenir la causerie. Cette belle résolution a duré tout juste une semaine.

» Je ne demande qu'à recommencer devant toi l'expérience. Tiens-tu le pari? Faut-il que je mette mes deux bons chevaux sur mon fourgon, mes coussins de cuir sur les banquettes et que je vienne vous guetter, un de ces matins, à la gare de Maison-Blanche?

» ÉRIC. »

JE DEVIENS COLON

1

Si j'examine ici l'état d'esprit dans lequel j'ai répondu à Éric : « Oui, nous venons, avec joie », c'est que sans doute il m'est commun avec plusieurs. N'est-ce point en découvrant sa pensée la plus intime que l'on a chance d'exprimer le sentiment d'autrui ? Le moi haïssable, c'est celui qui ignore cette vérité d'expérience.

D'où vient donc qu'à cette date précise de l'automne 1894, un habitant de Paris, placé comme je le suis pour jouir des agréments de la ville la plus cérébrale du monde, éprouve un soulagement à la pensée de s'éloigner pour quelques mois ?

Les joies que Paris nous donne ne sont pas des joies de sentiment. Ici la vie mondaine fait tort à la vie familiale. Les amitiés sont rares, difficiles à entretenir ; l'intimité — ce charme de la province — est presque nulle. C'est la rançon des distractions perpétuelles où l'esprit s'éparpille. En revanche, la vie intellectuelle est plus intense que partout ailleurs. Cela tient au goût que les hommes ont de faire hommage aux femmes de leur mérite, sérieux ou frivole. Les femmes du Nord qu'on délaisse pour boire nous font sourire quand elles parlent de l'humiliation intellectuelle où vit la femme française. Notre langue est là pour attester que les philosophes, les savants, les politiciens, les artistes, les mathématiciens eux-mêmes ont toujours voulu tenir les femmes au courant de leur pensée. C'est la tendresse pour la femme qui a fait de la langue française l'outil unique qu'elle est devenue.

Dans ces conditions on imagine de quelle utilité est, pour un écrivain, le contact de Paris. Cet homme est par définition celui qui doit tout connaître. Dans la pratique il vit pour une large part aux dépens du prochain. Et comment en userait-il autrement? Si sérieux que soit son savoir particulier, il ne peut pas embrasser toute connaissance. L'homme de lettres recueille donc à Paris ces vérités générales, ces jugements individuels que des esprits spéciaux formulent avec un goût français de la politesse, dans des causeries intelligibles à tous. Ainsi, par la seule fréquentation de ce qui s'appelle « le monde et la ville » on acquiert à Paris des clartés de toutes choses; on est tenu au courant de la pensée publique, presque sans personnel effort.

Mais voici qu'il y a un temps d'arrêt dans ces plaisirs intellectuels auxquels Paris nous avait habitués. La cause? Tout le monde la nomme : de récentes catastrophes, financières ou politiques, ont tourné l'attention d'un autre côté. Paris a eu sa petite « terreur »; il a joué, une saison, au jeu dangereux des « suspects ». Il n'ignorait pas les corruptions qu'il coudoyait avec une indulgence égoïste; mais l'éclat des indignations a semé l'inquiétude. Un médecin mondain, devant qui l'on analysait cet état de contrainte qui gâte tous nos plaisirs, disait naguère :

— Nos clients ont subi une rude alerte. Leurs foies ne sont pas encore remis.

Les consciences, elles aussi, souffrent. Il suffit, pour s'en convaincre, de lire ce qu'écrivent les très jeunes gens. Faites aussi grand que vous voudrez chez cette génération le regret de ne point se découvrir le génie qui a manqué à leurs aînés pour entraîner les foules, on sent percer à travers leur souffrance deux éléments précieux d'action et de progrès : la dignité et l'amour des hommes. L'une comme l'autre, ces deux délicatesses sont quotidiennement blessées par l'indifférence de Paris pour tout ce qui n'est pas son inquiétude de l'heure. L'estime des classes dirigeantes va ouvertement aux malins qui tournent le code. Elles sont importunées par les récriminations des dupes. Presque ouvertement, elles appellent de leurs vœux le maître qui les débarrasserait des rêveurs de justice sociale et des maniaques de la probité.

Dans cette incertitude de la conscience générale, des esprits sans chimère qui, à une autre minute du siècle, se seraient contentés de cette morale courante qui était dite autrefois « morale des honnêtes gens », sentent la nécessité de descendre dans leurs conscience et de déterminer le plan de leur vie. Je crois bien que ce désir est vif surtout chez ceux-là qui ont des enfants à élever. Nous avons tous souffert de la duplicité des sceptiques, de la féroce intelligence de leurs intérêts, qu'ils se découvraient au bon moment. Nous voudrions faire à nos fils des âmes moins incertaines. Nous rêvons d'une éducation qui les armerait pour la résistance sans tuer la pitié dans leurs cœurs. Nous-mêmes nous espérons nous fortifier en définissant cette morale.

Pour ma part, je l'avoue, dans la recherche du principe sur lequel on pourrait asseoir un pareil enseignement, j'accours, en badaud, à l'appel de ceux qui découvrent la vérité au fond de leur puits. Ces temps-ci, les Norvégiens menaient grand bruit d'une pareille découverte. Ils prétendaient avoir dégagé des inconnus la formule du devoir moderne. J'ai traversé la mer pour en avoir le spectacle. Je suis revenu émerveillé de la bonne volonté, de l'effort immense. Mais de trouvaille? Point. Je constatai que l'Oracle du Nord se dérobait au moment de conclure. Du moins je remportai un profit de ma visite. Je fus frappé de l'insistance avec laquelle ce sage prêchait la nécessité de la retraite, la rentrée de chacun de nous en soi-même. Je résolus d'en essayer l'effet sur moi. Je m'attardai dans la solitude norvégienne à ébaucher le plan d'une vie nouvelle. Je me promis d'en noter les étapes, dans cette certitude que toute sincérité est intéressante et que celui-là qui aime les autres acquiert le droit de parler de soi.

Le premier acte de cet effort nouveau fut une suite de conférences sur l'amour.

Je m'avisai que presque toute mon attention de jeune romancier s'était fixée sur ce sentiment d'exception. J'en avais fait, de bonne foi, la matière d'une douzaine de livres. Il avait été pour moi, comme pour tant d'autres qui écrivent, un objet de dissertations psychologiques, une occasion de prétendre à la subtilité de l'esprit, ou l'ardeur de la sensualité. Je n'avais même point songé que, pour les femmes modernes, particulièrement pour les Parisiennes, et, dans Paris même, pour les Parisiennes d'un certain Paris, l'amour est la dernière des religions, un effort désespéré pour donner à la vie une base solide.

Je crus donc que j'avais à réparer de ce côté-là. Peut-être devais-je aux femmes qui avaient pu me lire avec un redoublement de souffrance de me placer à leur point de vue exact pour parler de l'amour.

— Mesdames, leur dis-je ou à peu près, vous vivez à une heure difficile. Votre foi religieuse est ébranlée ; la brutalité que la philosophie régnante développe chez les hommes de votre intimité vous a rendu leurs principes suspects. L'état social même est pour vous un sujet d'inquiétude; vous avez vu la misère d'en bas; vous n'ignorez pas qu'elle s'en prend à votre luxe; vous ne savez pas ce que demain vous réserve et vous ne voulez pas entrer dans l'inconnu sans espérance. Un sentiment solide vous serait un radeau dans la tourmente. Ailleurs on vous conseille de demander à la foi cette sécurité de sauvetage. Je chercherai avec vous si vous pouviez la trouver dans l'amour.

Le silence dans lequel tombèrent ces paroles, toute cette première causerie, m'a laissé un froid au cœur. Il ne fallut rien moins que l'assiduité avec laquelle mon auditoire me tint compagnie jusqu'à la fin de ces entretiens, pour m'avertir que j'avais touché le cœur de beaucoup en racontant le mien. Mais quand les conclusions inévitables se précisèrent, quand nous reconnûmes, par violence, des faits que, en l'état des civilisations, le mariage est le seul terrain où l'amour peut porter tous ses fruits, j'eus une hésitation sur la charité de mon entreprise. N'était-il pas impudent d'apporter une telle conclusion à un tel public? Tant de lettres reçues, tant de conversations mélancoliques, tant de vraies larmes versées, me persuadèrent que j'avais agi avec la cruauté d'un néophyte en montrant à des âmes ce paradis dont elles sont exclues.

Comment répondre aussi bien aux douloureuses qui vous disent :

— Que faire? que faire dans mon cas?

La foi avait des ressources dont nous ne disposons plus. Nous nous heurtions ensemble à l'irréparable. Je me promis alors que je renoncerais à écrire des livres où le désir vole à la passion sa chaleur, où la passion se dupe soi-même jusqu'à s'imaginer qu'elle est l'amour. Je reconnus avec ces affligées que notre découverte ne leur laissait d'autre issue que le sacrifice. Je voulus être du nombre de ceux qui indiquent aux jeunes hommes une autre activité que la séduction, une autre gloire que la destruction des âmes.

II

Nul doute qu'un des facteurs importants de l'angoisse moderne soit cette spéculation que maudit Éric. Si elle avait seulement avili l'argent ! la politique, la vie philosophique, la vie littéraire, la vie amoureuse sont corrompues par elle. Spéculer, c'est exiger non point la normale récompense d'un effort, mais un profit énorme, donc illicite. L'obsession du but qu'elle impose détourne l'attention des moyens. Elle fait de la tromperie une nécessité ; elle ajoute la férocité où le mensonge n'atteint pas. Ce qu'il y a de plus troublant, peut-être, dans ce triomphe du moderne spéculateur, c'est que l'on distingue encore en lui des fragments de conscience morale. Le besoin de protéger contre l'entreprise des autres ce que sa rapacité vient d'acquérir, réveille en lui cet instinct quand la bataille est gagnée. Alors, il commence à prononcer de déconcertantes paroles. Il revêt ses actes extérieurs d'une moralité plus corruptrice que ses audaces anciennes, parce qu'elle semble légitimer les licences de son passé. Il n'y a pas jusqu'à la bonté de ces pirates, jusqu'à l'indulgence dont ils donnent le spectacle dans leur vie familiale, qui n'augmente la confusion pernicieuse où nous nous débattons.

Dieu ! que nous vivons vite dans ce dernier quart du siècle ! Il y a quatorze ans — j'en avais vingt bien juste — nous étions une phalange de jeunes gens pour qui la terre n'était pas la planète sphéroïdale des physiciens. Nous l'imaginions conique. Elle servait de piédestal à un homme d'une espèce particulière et cet homme était l'homme de lettres. C'était le temps où le théâtre retentissait des victoires de Dumas ; Zola, Daudet, les Goncourt triomphaient dans le roman. Derrière les aînés se levaient les jeunes gloires de Bourget, de Maupassant, de Loti; M. Renan levait les mains sur cette moisson de gloires ; Jules Lemaître et Anatole France sondaient la pensée moderne dans ses derniers replis. Quatorze années ont suffi pour rompre ces phalanges. Hier, Zola prononçait sur la tombe du meilleur de ses disciples l'oraison funèbre des espoirs illimités, et Maupassant a voulu nous enseigner le néant de la gloire littéraire, des vanités de penser, quand il a demandé qu'au cimetière on fît pousser un peu de gazon juste au-dessus de sa tête.

Dans le désarroi où cette banqueroute du bonheur littéraire jette notre phalange d'hommes de lettres, chacun cherche à sortir par un individuel effort du vague où l'on se débat. Quelques-uns prétendent trouver leur salut dans le mysticisme. Je crains qu'ils ne fassent là une spéculation dernière dont la faillite les couvrira de confusion. La foi est tantôt une récompense, tantôt un châtiment : ce n'est jamais une rhétorique, une livrée dont on s'affuble en public et que l'on accroche chez soi. Pascal affirme qu'on la trouve dans l'eau bénite ; aucun symboliste ne la découvrira dans son encrier.

Ces mystiques sont pourtant les plus avisés. D'autres âmes, plus sincères, se tournent vers la philosophie. Elles ont épuisé Ibsen après Tolstoï. Elles attendent avec quelque naïveté que Nietzsche ait été traduit en français pour voir s'il les guérira de la plaie que Schopenhauer leur a faite. Je crois, chez beaucoup de mes contemporains, à la bonne volonté de devenir des *uebermensch*, des despotes, des petits Césars. Mais on ne se hausse point là par des sursauts de faiblesse irritable. A défaut de morale, les faiseurs de coups d'État ont des vertus de décision inconnues à nos pessimistes.

Reste la science. Les écrivains ont toujours été un peu brouillés avec ses méthodes. Mais l'écart qui sépare l'esprit de finesse de l'esprit de géométrie s'élargit tous les jours. Et puis, si merveilleux que soient les résultats dont la science nous étonne, il paraît que la spéculation s'est glissée là comme ailleurs. Faux-Semblant y a droit de cité, voire d'académie.

Laisse là les spéculateurs, mon pauvre Candide, et va cultiver ton jardin.

III

— Voilà qui est tôt dit, répond une voix ; mais ce jardin que vous déclarez nôtre, ce potager où l'on récolte la paix après avoir semé des légumes, s'il vous plaît, où est-il ?

Un étranger vous en indiquera le chemin : il s'appelle Havelock Ellis, et beaucoup de gens de lettres, qui se croient informés, apprendront, avec son nom, le titre de son livre. Pour moi, j'ignorais sereinement son existence quand un bon ami norvégien mit, l'an dernier, le *New Spirit*, dans ma valise. Il y ajouta des reproches pour l'incuriosité des gens de mon pays. Je lus d'abord avec défiance, puis avec une passion véritable.

Ce petit traité de l'*Esprit nouveau*, qui, de Diderot

à Tolstoï, en passant par Heine, Whitman et Ibsen, étudie l'évolution du *moi* moderne, s'ouvre par des considérations sur l'avenir des États européens. Havelock Ellis juge de l'initiative des peuples, non sur les divagations de leur philosophie, mais sur l'ardeur de leur expansion coloniale — sur la culture de leur jardin.

Son indépendance d'esprit donne de l'intérêt à ses prédictions. Ainsi, dès le seuil, il constate que les Anglo-Saxons ont tout à fait échoué en Asie. Il leur conseille d'abandonner ce continent aux Russes, qui, seuls, pourront le civiliser. Il remarque que les Anglo-Saxons réussissent dans les seules colonies où ils ont pu anéantir l'autochtone. Au contraire, le Russe se mêle facilement à la vie orientale. Il réussit à se fondre avec les éléments supérieurs de la race jaune :

— « Quiconque, dit Ellis, a souci des destinées de l'humanité voit avec satisfaction croître dans l'Est l'influence de la Russie. Il faut espérer qu'elle finira par dominer tout le continent. »

Un écrivain anglo-saxon qui donne tout d'abord ces gages de sincérité a le droit d'exiger qu'on lui laisse développer toute sa thèse, — même quand il affirme comme une vérité indiscutable que l'Afrique appartiendra nécessairement au colon allemand. C'est notre part d'oracle que nous sommes impatients de connaître, l'opinion que se forge de notre avenir un voyant qui, dans ses considérations, domine les frontières de patrie. Or, voici ce que l'auteur de *New Spirit* aperçoit quand il regarde vers l'ouest de l'Europe.

L'Espagne et le Portugal achèvent de mourir. Peu importe! Ils ont fait leur effort d'expansion. Tout un continent a été conquis, colonisé par eux. La jeunesse espagnole ou portugaise trouvera intarissablement, au delà de la mer, de l'espace pour son activité.

Pour l'Angleterre, il faut s'attendre à la voir un jour réduite à ce rôle effacé de moribonde métropole. Elle mourra, comme une Espagne, de son expansion même. Elle sera pour les Anglo-Saxons une chère relique, une aïeule, un conservatoire des vieilles formes, des usages que l'on respecte, des routines qui font sourire, quelque chose comme la maison paternelle que les fils viennent revoir après fortune faite et qu'ils s'étonnent de trouver inférieure à leurs souvenirs. Cependant, c'est une consolation pour un pays qui rentre dans l'ombre de songer qu'il succombe sous les siens.

Ce bonheur, la France ne le connaîtra pas. On trouve, en effet, des Espagnols, des Portugais hors de la péninsule; la moitié du globe est peuplée par les Anglo-Saxons; le colon allemand fait tache sur la mappemonde : *il n'y a pas de Français hors de France*. « A une date que l'on pourrait fixer, la France, toujours plus envahie par les Italiens et les Belges, ne sera plus qu'un rêve merveilleux. Au moins aura-t-elle accompli une grande œuvre parmi les nations. »

Je laisse à l'auteur de l'*Esprit nouveau* la responsabilité de sa prophétie. Je n'en veux retenir que ces vérités mélancoliques : il n'y a pas de Français hors de France. Loin de s'en attrister, beaucoup considèrent follement comme une supériorité de la race, comme un critérium de la sagesse moyenne, ce goût casanier, cette peur de l'inconnu, cette inquiétude des efforts physiques, cette dégénérescence de l'initiative, qui limitent le nombre des naissances, accroissent la haine des classes, développent les férocités du *struggle*, gâtent la politesse de la vie, et menacent de modifier la nature même de notre race.

Je veux croire que nul effort n'est vain, qui s'appuie sur un goût sincère de la vérité. Ne serait-ce pas une besogne intéressante, pour quelque écrivain moins préoccupé de l'applaudissement que de l'utilité publique, de peindre, sous ses couleurs véritables, la vie du colon français dans une terre française toute voisine de nous ? Les livres ont leur destinée : celui qui rebutera une oisive, dépitée de n'y pas trouver, une fois de plus, la psychologie de l'adultère, peut tomber aux mains d'un homme jeune, indécis sur l'emploi de son activité. Pour gagner celui-là, il faudra satisfaire toute sa curiosité, entrer dans le détail, dont la précision est moins flatteuse que des descriptions d'états d'âmes ou de paysages. On devra montrer le fait, non l'auteur.

Je voudrais essayer d'écrire un tel livre dans la solitude d'un hiver de retraite, tout près de la terre. Ceux qui l'aiment assurent qu'elle enseigne l'espoir et la patience. Ce sont là deux leçons que tout homme a besoin de relire. Quand je les posséderai bien, je les transmettrai à d'autres, telles qu'elles sont, arides d'abord, sèchement techniques, à la fin consolantes et sereines.

J'écris donc à Éric :

« Tu dis que tu es prêt à partager avec nous ta maison de colon. Raillais-tu quand tu nous invitais? Sois puni alors comme tu le mérites, car nous te donnons bien juste le temps d'aller guetter notre passage à la gare de Maison-Blanche. »

IV

... C'est là, en effet, que nous l'avons trouvé, quelques semaines plus tard, par un beau dimanche de novembre, si ruisselant de lumière, que nous enviions son casque et sa flanelle blanche.

— Vous aurez toujours le temps, dit-il, de me voir en peau de mouton et en sabots.

Les fièvres de l'été l'ont un peu maigri. Mais son œil couleur de mer est toujours clair et rieur ; ni le foie ni la rate ne sont touchés. En revanche, sur les joues, sur le nez aquilin, sur tout le visage, rose jadis, d'une fraîcheur saumonée, l'air et la lumière ont mis ce hâle qui, à la mer, au soleil, rehausse d'un si brillant éclat le teint des Normands.

Les coussins de la voiture sont brûlants ; la poussière soulevée sous la gambade des chevaux est tiède aux mains qu'elle éclabousse. Là-bas, les montagnes vers qui nous marchons se lèvent dans une buée chaude. Il faut cligner les yeux pour les apercevoir.

— Vous devriez, dit Éric, arriver en pleines pluies, et vraiment, l'an dernier, à pareille époque, nous avions fini de labourer. Voilà tantôt six mois que nous n'avons vu crever un nuage. C'est pourquoi vous trouvez tous les coteaux roussis. Où sont nos cours de Normandie, avec leurs pommiers en vergers, leurs talus plantés d'arbres et leurs chênées qui font cortège! C'est le seul regret de Lizzie. Elle prétend que les palmiers et les eucalyptus ne sont pas des arbres. En voici pourtant une forêt.

Sur la gauche de la route, dans des terrains d'alluvions qui semblent conquis sur le lit de l'Hamiz, tout un bois surgit de terre, s'éparpille en rideaux, en bouquets énormes. Comme nous sommes au pays des miracles, une vie de colon a suffi pour faire sortir cette forêt du sol.

Je demande à Eric :

— Et toi? As-tu de l'ombre sur ta maison?

Il soupire :

— Ma maison? La voilà!

— Où donc?

— Tiens, là-haut!

Nous avons des mots pour tout dépeindre : d'abord les œuvres de l'homme, et puis les bêtes, et puis les plantes, tout ce qui est bâti d'après un plan, tout ce qui respire. Mais la montagne qui se lève en décor échappe à la description. Ce n'est pas sa monotonie qui est en cause : la mer est partout plus semblable à soi-même, et pourtant l'on peut noter l'impression qu'elle impose. C'est que la mer se meut ; elle intéresse l'oreille autant que le regard. La montagne est muette ; elle semble une belle image, un mirage d'optique. En elle, tout concourt à créer cette illusion : la coloration insolite, l'immobilité de l'asymétrie. De là, sans doute, le repos que ce voisinage donne aux surmenés. La montagne engourdit la surexcitation des sens, qui veulent tout enregistrer, nommer, saisir.

Le caractère de ces premiers plateaux, qui s'étagent au-dessus de la Métidja et dressent déjà dans le soleil des sommets couverts de neige, vient de l'ardente et inutile végétation qui les recouvre. Tout ce maquis, dense et embroussaillé, semble la barbe frisée d'un géant. De place en place, malgré les ardeurs d'automne, des gourbis, pareils aux huttes primitives des cités lacustres et des îles polynésiennes, se montrent au sommet d'une verdoyante pelouse. Ces « tabias », ceintes d'aloès, ont l'air de jardins anglais merveilleusement élégants, dépaysés dans la brousse.

A flanc de montagne, la maison d'Éric surgit des jujubiers. Elle domine comme un fort les murs rigides de la ferme. Sa tache d'ocre et de chaux, coiffée de tuiles rouges, vibre seul en l'air, dans la brûlure et dans la solitude du paysage. On sera bien ici pour se recueillir.

— Vous voyez d'ailleurs que l'on arrive chez nous par un chemin de paradis.

Il est sûr que ces ravins sont d'un pittoresque tout à fait local. Nos chevaux, sans poids, vaillants comme des gens de guerre, bondissent dans leurs traits. Ils voudraient franchir ces crevasses, comme un obstacle de steeple. Ils ragent de sentir cette pesanteur derrière eux. Le feu leur sort par les narines ; ils se rasent comme des lions. Allons, encore un coup de collier, encore un bond, une fois de plus, le véhicule est hissé au revers du talus.

Je demande à Éric :

— Tu ne fais rien pour faciliter à tes charrois ce mauvais passage ?

Il répond :

— Suppose, mon ami, qu'il me prenne fantaisie de dépenser dix mille francs pour bâtir sur ce gros ravin un pont modèle. L'administration des Ponts et Chaussées ne le permettra pas. Tu ne te doutes pas en effet, que tu circules en ce moment sur un chemin communal « classé ». Un chemin classé, — même en terrain vague, — c'est un objet sacro-saint. On n'y jette pas comme on veut un tombereau de cailloux. Il y faut une autorisation, des démarches. Voilà un an que j'offre à la commune une honnête souscription de colon riverain. Un ministre, un préfet, le gouverneur général se sont intéressés à l'affaire. En réunissant nos efforts, nous disposerions de huit mille francs à peu près. Cependant, nous continuons de casser nos essieux et de verser dans la boue. C'est que les Ponts et Chaussées réclament nos huit mille francs pour bâtir le pont tout seul. Ils veulent édifier une œuvre d'art dans cette solitude. Un pont avec deux trottoirs et un garde-fou. Ils interdisent à un entrepreneur communal de nous bâtir une passerelle qui coûterait deux mille francs, qui durerait vingt ans et qui, dans la suite, servirait d'assise à une construction plus importante. Bien entendu, personne ne veut payer huit mille francs un pont qu'on élèverait dans de la terre labourée, et la ferme d'Haouche-bou-Akra attendra longtemps sa route. Je te disais : « Si tu veux étudier notre vie de colons, tu y trouverais des sujets d'intérêt et d'utilité publiques. » Le chapitre que tu pourras écrire, sans sortir de la commune, sur les obstacles que l'administration oppose aux initiatives de ses administrés ne sera pas le moins curieux de ton livre... Mais qu'aperçois-je donc là-haut sur la terrasse?... C'est Lizzie; elle vous a vus...

Toute la voiture se lève et répond au signal. On voudrait débarquer, devancer les chevaux, qui ont pris le pas dans un empierrement à pic. Mais nous sommes enchâssés dans nos bagages. Il faut patienter encore.

Éric reprend :

— Cette chère Lizzie ! vous la trouverez changée, car les fièvres l'ont fortement éprouvée cet été. Elles sortaient de ces terres fraîchement remuées ; elles montaient du torrent desséché, des ravins, des canaux d'irrigation. Ce qui, neuf mois durant, fait la fertilité de cette terre, la rend presque inhabitable pendant les canicules. Désormais, nous passerons ces mois-là en France ou bien en voyage, sur le continent ; mais, cet été, mes bâtiments étaient bien juste achevés ; ma ferme naissait. Je ne pouvais partir, et Lizzie n'a pas voulu me laisser seul. Sur la fin d'août, elle a vu ses enfants touchés du mal. Un matin, Yves a refusé de se lever ; il ne voulait pas manger ni jouer, non plus, ni nous répondre. Alors Lizzie a pris peur. On a entassé quelques meubles sur un chariot, les bœufs l'ont traîné jusqu'à Surcouf où, devant l'eau bleue, nous avons loué une maison de pêcheurs. Là, l'enfant s'est guéri ; mais Lizzie a plus tardé à se remettre. Elle ne guérira tout à fait qu'après les premières pluies.

Encore quelques coups de collier et les chevaux

sont au bout de leurs peines. On saute du fourgon en tumulte, on court à la rencontre.

Il a raison, Éric. La trace du mal est visible encore. Je connais si bien cet effort qui soutient un corps miné de fièvre et change chaque mouvement en douleur. Les danseurs viennois qui, il y a quelques années, étaient si empressés autour de leur valseuse, pousseraient des cris devant la vie sérieuse que cette jeune femme leur a préférée. Mais eux-mêmes, sous cette langueur de convalescence, ils apercevraient un charme nouveau, la lumière dont sont éclairés ceux que leur âme porte.

V

… Il se prolonge, ce premier repas, dans une longue causerie qui veut tout savoir d'un coup. Quand la bande des enfants a disparu du côté des bêtes, Éric nous conte la fondation de sa ferme :

— Voici, dit-il, ce qui m'a décidé à m'installer à cette place. Le barrage de l'Hamiz fournit de l'eau en toute saison. La montage m'assure à vil prix un parcours presque infini pour mes troupeaux ; enfin les débouchés sont à proximité : les marchés d'Alger et de Maison-Carrée. Pourtant, la première fois que nous vînmes visiter cette terre, elle nous effraya par son apparence d'aridité et sa solitude. Sur les cent quinze hectares qui composent aujourd'hui la ferme, une vingtaine bien juste étaient défrichés. On eût dit que, un jour de cyclone, un nuage de pierres avait crevé sur ce coteau. Malgré tout, des signes certains affirmaient la grande fertilité du sol. D'abord l'abondance et la qualité des fourrages naturels, puis la présence des jujubiers sur le coteau, enfin le souvenir des gens du pays, qui ont connu les prairies d'en bas, annuellement inondées. De plus, je trouvais dans le lot qui m'était offert six hectares de « tabias ». C'est le nom qu'on donne ici aux carrés de terre enclos par des figuiers de Barbarie sur lesquels des familles arabes ont autrefois construit leurs gourbis. Ces champs-là, défrichés et fumés depuis des siècles, ont une valeur exceptionnelle. On les paie mille francs l'hectare. D'autre part, la qualité générale et la disposition du sol m'assuraient un drainage naturel, en pente vers l'Hamiz et les ravins.

» Mes prédécesseurs immédiats étaient des Arabes qui avaient fait un peu de blé et d'orge, un Espagnol qui avait planté une vigne; ni les uns ni les autres n'avaient songé à bâtir. Le plus proche voisinage est, à quatre kilomètres d'ici, un village de colonisation.

» On me demandait cinquante-deux mille francs de ces cent quinze hectares. Nous réfléchîmes un bon mois, la somme n'était pas exagérée; la saison était favorable à la construction. On se décida.

» Je l'avouerai cependant, quelques jours plus tard, quand nous vînmes, Lizzie et moi, marquer la place de la maison, nos cœurs se serrèrent. La route était, bien entendu, beaucoup plus mauvaise qu'aujourd'hui; assis sur une pierre, entre des fourrés de broussaille, nous éprouvions cette angoisse qui démoralise, au début d'une tempête, quand l'embarcation plonge et quand l'horizon disparaît.

» Mais nous guettions cette crise. Elle nous faisait souffrir sans modifier notre résolution. Nous savions que nous n'étions pas venus en Algérie pour jouer aux colons, vraiment pour travailler. Ainsi, dans le plan que nous avions adopté pour notre demeure future, nous venions de nous donner à nous-mêmes un gage de rassurante sagesse.

» La tentation est vive, pour des Européens qui abandonnent leurs habitudes, de se dédommager au moins de ces sacrifices par des emprunts décoratifs au pittoresque local. Alger, Mustapha sont pleins de villas bâties à la mauresque, avec des cours intérieures, des eaux vives, des fenêtres fermées de vitraux, des murailles revêtues de faïences peintes. Il était facile de reproduire ces plans. Mais, nous le savions, en Algérie, à cause de la rareté des capitaux, les constructions, quelles qu'elles soient, n'ajoutent presque aucune valeur à la propriété rurale. Des gens d'action doivent faire dans leurs projets la part des risques. Cette pensée sérieuse était donc toujours présente à notre esprit : la maladie, l'insuccès ou la mort peuvent nous contraindre, dès le début, à laisser là notre œuvre. Évitons les charges qui nous empêcheraient de nous délier promptement ou qui tourneraient à grosse perte.

» C'est dans ces résolutions raisonnables que nous avons fait élever cette maison. Rien, comme tu le vois, n'a été sacrifié à l'agrément du coup d'œil. Nous avons choisi ce vallonnement qui domine la ferme, parce qu'ainsi, du haut de la terrasse couverte, je surveille d'un coup d'œil tous les travaux de mon exploitation. Je vois si le berger des moutons est sous les oliviers, le berger des porcs dans le ravin, le berger des chèvres dans la montagne, si les Arabes poussent à leurs charrues, si les défricheurs piochent, si les bêtes d'engrais sortent de la ferme pour boire aux heures fixées, si le chariot va régulièrement chercher aux meules sa charge de paille et de fourrage. La maison du fermier ne doit pas être seulement un abri, mais une tour de guet.

» Celle-ci a été bâtie avec le sable que nous tirions du torrent, avec les pierres que trente défricheurs ont, pendant trois mois, recueillies dans les champs; nous n'avons emprunté au dehors que la double armature de fer qui, en cas de tremblement de terre, soutient les quatre murs de soutènement. Cela fait pourtant un beau cubage de cailloux, car l'épaisseur moyenne de nos murailles est de soixante-quinze centimètres.

» Dans ces conditions ma maison m'a coûté tout juste quinze mille francs. J'avais payé, d'autre part, cent quinze hectares de terre, dont soixante défrichés, un planté de vignes, soixante-quatre couverts de broussailles ou logés en montagne, pour une somme ronde de cinquante-deux mille francs. Ajoute mes bâtiments de ferme que j'ai payés quinze mille francs, mon matériel roulant et mes outils, trois mille francs ; les vingt-quatre bœufs et vaches qui vont aux charrues donnent du lait, s'engraissent, passent à la boucherie, quatre mille francs ; mes deux chevaux de selle et d'attelage léger, cinq cents francs ; les quatre cents moutons qui broutent l'herbe au bord de l'Hamiz, six mille francs ; les cent boucs de boucherie qu'un berger me promène dans la montagne, quinze cents francs ; les vingt chèvres qui les suivent, deux cents francs. J'ai gardé à ma disposition quatre mille francs pour les dépenses du ménage, l'achat des semailles, le payement de mes assurances, enfin comme capital de roulement. Additionne tous ces chiffres, tu aboutiras à une mise de fonds de cent mille francs. C'est exactement le capital que j'ai engagé dans cette tentative. Te dirai-je tout de suite quel intérêt je prétends en tirer, à partir de cette année? Mais tu m'accuserais de te conter la fable du pot au lait. Nous en causerons plus tard quand de tes yeux tu auras vu vivre nos gens et nos bêtes. Contentons-nous pour aujourd'hui d'inspecter le décor. »

Si jamais architecture fut déterminée par le milieu et le climat, c'est bien le plan et la silhouette de ces fermes algériennes qui doivent être tout ensemble un abri et un refuge. Il n'est point question de les protéger par un rideau d'arbres. On élève sur un terre-plein un long rez-de-chaussée qui servira d'habitation au métayer, aux gens, et de remise pour les graines; à droite, à gauche, on prolonge cette bâtisse par des hangars qui emprisonnent la cour intérieure dans leurs épaisses murailles. Quelque énorme porte pleine, en tout cas soutenue de cadenas et de barres d'acier, ferme hermétiquement sur ces bâtisses. Un fossé large, assez profond, les isole; ces meurtrières, percées régulièrement dans les murailles, sans fenêtres extérieures, achèvent de donner à ces constructions quadrangulaires l'aspect et les vertus d'un bastion.

Dans ce refuge, le troupeau de chèvres et les brebis viennent se mettre à l'abri des pluies d'hiver, des entreprises des voleurs, de la dent des chacals, de la hyène qui marche derrière eux. Elles voisinent avec les bœufs, les chevaux, les ânes, les mulets, les pigeons et la volaille. Le système de ces hangars ouverts permet selon la saison de modifier sans frais la disposition des remises, des écuries et des étables. Toutes ces bêtes sont d'ailleurs d'une telle rusticité que les chevaux comme les moutons passent leur hiver entier sans protection contre l'air, sans couverture d'aucune sorte. Et pourtant les jours où le *r'herguy* (le vent marocain) donne dans la montagne, les meurtrières de l'ouest versent la giboulée en gerbes.

VI

J'emploie ces derniers beaux jours à battre nos environs. Je retrouve avec une joie qui m'emplit le cœur la liberté de l'espace, les courses dans des plaines indécises, cerclées de montagnes, avec toute la crinière du cheval qui vous balaye le visage, avec l'air qui heurte le visage jusqu'à éblouir. L'avouerai-je ? L'étourdissement exquis de ces galopades se confond en un point obscur de ma cervelle avec des souvenirs de volupté, et il leur fait tort.

Hier, j'étais venu chez un gentil médecin de mon voisinage pour goûter des saucisses mahonnaises, des « soubreçades » au poivre rouge qui vous tirent dans la bouche un coup de canon. Et puis, nous

sommes montés à cheval pour passer la visite des
« Travaux Publics ».

Sous la fortification du village, on a tracé à la pioche un carré que limite une ornière profonde comme un sillon de charrue ; les enfants creusent de ces fossés avec leurs pelles sur le sable, autour des villes de galet : cependant, pour les vingt hommes qui sont là, ce jeu d'enfant représente la muraille, infranchissable ; en dedans, c'est la peine, au delà la liberté que l'on ne peut reconquérir sans risquer sa vie ; car, au centre de ce carré, un indigène est debout, baïonnette au canon, cartouche au fusil. Jour et nuit, il veille, prêt à faire feu, sur l'insoumis qui foulerait cette limite.

J'ai visité bien des prisons : Mazas, la Roquette ; j'ai reçu, en passant au pied des doubles enceintes, cette douche de froid qui tombe entre les épaules ; dans leur imposante sévérité, ces murailles sont moins terrifiantes que cette petite ligne qui trace une frontière abstraite entre le châtiment et la mort.

Avec six planches, pour protéger la sentinelle contre les rosées de nuit, on a bâti un abri léger. Elle est le pivot de ce cadran de tentes élevées à portée égale du coup de feu. C'est ici l'aiguille qui marque l'heure. Dix hommes couchent sous une de ces toiles ; dix sous l'autre. La troisième tente est occupée par les tirailleurs indigènes qui servent de gardes chiourmes ; la quatrième par l'officier qui commande le détachement.

Ces hommes punis ont été loués par la Guerre à un fabricant de crin végétal. On a donc établi leur campement en face de l'« usine ». Le mot est bien un peu pompeux, car nous ne trouvons devant nous qu'un hangar en planches. Fermé d'un seul côté, il abrite la machine qui fait mouvoir les cylindres peigneurs. Ces feuillages de palmier nain, qui, avec la figue de barbarie, composent ici le fond de la brousse, sont accumulés par grands tas. Des Arabes les ont apportés de la montagne à dos d'âne. On fait des petits bouquets de ces feuillages, on les trempe un instant dans l'eau pour les amollir, puis on les présente aux peignes des cylindres qui les changent en filasse. Cette bourre est jetée au soleil pour y sécher comme un tas de foin. Le lendemain, l'ouvrier qui file les câbles, pourra la présenter en poignées, à la torsion d'une roue mue à bras d'homme.

Les hommes des Travaux Publics se sont vite mis à cette besogne facile. L'industriel qui les emploie les loue à raison d'un franc cinq centimes par jour. Là-dessus, le condamné touche trente centimes qui vont à l'amélioration de son « ordinaire », ou qu'il consomme en « quarts » de vin, en tabac. Dix autres centimes sont versés aux masses individuelles et ils forment le petit pécule que l'administration remettra au condamné à l'expiration de sa peine.

Je demande à pénétrer dans les tentes.

Un peu de paille est répandue : une litière moins épaisse que pour des bœufs. Une ligne de grosses pierres plates fait un diamètre à cette chambre circulaire. Les hommes posent la tête là-dessus ; ils sont étendus côte à côte, si serrés, que, de la figure aux pieds, leurs corps se touchent. Quelques rares objets traînent à terre, car les condamnés ne doivent rien posséder en propre. Voici pourtant, dissimulée dans la paille, une bouteille d'encre, presque à sec ; sûrement, si je fouillais ces bissacs, je découvrirais du papier à lettres, des plumes. Si engourdis que soient ces cœurs, il n'en est presque pas un où un souvenir ne survive, tendresses de parents, mêlées à des fantômes de paysage, dernière émotion cachée au fond de ces âmes que la révolte ou l'abrutissement habite. Je le regardais avec mélancolie, ce petit encrier de la tente disciplinaire. J'aurais voulu lui demander de quelles pensées, de quels regrets il est le confident, quand les condamnés empruntent son secours pour parler à ceux qui les aiment encore, à ceux qui attendent la fin de la peine pour leur ouvrir les bras.

D'un autre sac sort une tasse d'étain, merveilleusement travaillée. Le propriétaire de ce quart a ciselé, sur un fond de guillochure, des visages, des trophées, des oiseaux en relief. La nécessité, l'ennui, rendent ces hommes ingénieux et les forment aux longues patiences. Ils se fabriquent un outil avec une épingle, un canif aigu avec un petit morceau de zinc ramassé en secret.

L'adjudant nous introduit dans la tente qui lui sert de chambre et de bureau. Pour celui-là aussi, entre les condamnés sournois, mécontents, toujours au guet, et le fabricant qui tient à demi ses engagements, la vie est dure dans cette solitude.

Il conte avec l'accent de la vérité comment le caractère s'aigrit, comment la pitié s'émousse au contact des condamnés.

— Les vieux qui font les patelins parce qu'ils voient venir la fin de leur temps et espèrent une remise de peine, sont plus dangereux que les conscrits. Ils excitent les nouveaux à la rébellion. Ils piquent leur amour-propre. Et la plupart de ces garçons-là ne reculent devant rien quand une fois ils ont pris leur résolution. L'autre jour, un d'eux, au casernement, a placé ses effets et sa paillasse au milieu de la chambre : il y a mis le feu, de nuit. Et il ne cherchait pas à feindre un accident, il criait : « C'est moi, je l'ai fait, exprès ! »

Il faut sévir contre ces révoltés, tuer en eux, comme dans des chevaux vicieux, la résistance par la fatigue.

— La semaine dernière, un homme a refusé le travail. Je lui ai fait ôter son bourgeron ; je l'ai enfermé, avec son pantalon et sa chemise, dans la tente qui nous sert de cellule. A neuf heures du soir, j'avais si froid sous ma couverture, que j'ai pensé à mon prisonnier. Je l'ai fait amener par deux tirailleurs. Je lui ai demandé : « Eh bien ! avez-vous réfléchi ? Voulez-vous retourner demain à la fabrique ? — Oui, oui, mon adjudant ! » Il claquait des dents, il était transi. Je l'ai renvoyé avec ses camarades. Mais il y a des mauvaises têtes qui ne cèdent pas. Avec ceux-là, il faut user des grands moyens.

Les « grands moyens » sont dans une caisse. Ce sont les entraves des pieds et des mains, les fers. Quand la faute est très grave, les mains sont attachées derrière le dos. Un capitaine peut ordonner huit jours de ce supplice. Pendant ce temps, l'homme n'est pas détaché une seule fois, pas même pour dormir, pas même pour manger. Il faut qu'il saisisse sa gamelle avec les dents et qu'il lappe comme une bête...

J'ai voulu voir quels crimes peuvent bien acheminer des hommes à ces répressions. Hélas ! le Code militaire est impitoyable. Il n'y a ici ni meurtriers, ni grands voleurs, ni scélérats perdus. Toutes ces aventures sont pareilles. L'homme avait l'humeur farouche. Un peu de vin lui brouillait la raison. Il a répondu à un sergent, en état d'ivresse, il a levé la main sur un caporal ; dans une heure de rage, il a détérioré des effets militaires ; il a tenté de défoncer une porte de prison. C'est fini de lui. Car la condamnation, le régime des travaux publics ne feront que l'exaspérer. Il retombera dans les mêmes fautes, chaque fois plus sévèrement punies. Il accumulera trente, quarante années de condamnation. Alors, voyant sa vie perdue, il recourera à un parti désespéré : selon son tempérament, il essayera de la fuite ou du meurtre.

On a mandé le docteur pour qu'il donne ses soins à deux soldats. De petites blessures aux mains ont tourné en panaris. Le mal a fini d'évoluer. Il faut encore vider d'un reste d'infection la chair meurtrie. Le docteur la presse un peu entre ses doigts. Ces hommes robustes se tordent et geignent, avec une lâcheté manifeste. Impossible de ne point se rappeler, devant leurs contorsions de douillets, ces bravoures de femmes et d'enfants dont on a été témoin dans les hôpitaux. La misère des tentes, la rigueur du petit fossé donnent de la mélancolie, mais c'est seulement dans cette veulerie de l'âme que j'ai touché du doigt la dégradation de ces hommes punis. Ils veulent avoir le bénéfice de leur indignité. Ils ne se soucient plus de l'opinion de celui qui les regarde et qui les juge.

VII

Voici le soir. Les ténèbres, l'infini silence enserrent la maison. Ce m'est un repos de rouvrir les livres oubliés. Je rapprends avec Strabon, Columelle et les chroniqueurs arabes, l'histoire de cette province d'Afrique, qui fut toujours aux maîtres de la Méditerranée.

La légende de sa fécondité se perd dans la nuit des temps.

Cinq cents ans avant l'ère chrétienne, le géographe Scylax disait que Byzacium était un grenier d'abondance. Les Argiens donnaient à Cérès le surnom de « libyque ». Strabon, Pline, Procope, répètent ces éloges.

Les premiers locataires du sol, les Carthaginois,

avaient songé à tirer parti de cette richesse. Ils avaient porté dans un degré inconnu de perfection les procédés de l'agriculture. Habitués que nous sommes à juger ces peuples sur leurs origines phéniciennes, ou encore du point de vue romain, nous les connaissons surtout comme des commerçants. Il apparaît que l'agriculture fut au premier rang dans leurs préoccupations. Divers passages de Polybe constatent l'aptitude et le penchant des Carthaginois « pour les travaux des champs ». On conclut du rapprochement de textes « que les produits agricoles furent chez les Carthaginois, la base primitive des fortunes privées ». Un autre savant est plus affirmatif encore. Il prouve, sur citations, que l'aristocratie carthaginoise n'exerça jamais aucun commerce et exploita seulement de grands fonds de terre [1]. L'impression qui résulte de la lecture des auteurs anciens, relatifs à l'agronomie africaine, c'est que l'économie rurale était regardée à Carthage « comme une des plus nobles occupations [2]. »

Le Carthaginois Magon fut le théoricien de cette expérience agronomique. Il avait résumé en vingt-huit livres la science agricole de son temps. Cet

---

1. Heeren, *Idées sur les relations politiques et commerciales des anciens peuples de l'Afrique.*
2. *Revue africaine*, t. XIV.

ouvrage, célèbre dans l'antiquité, fut seul sauvé des richesses littéraires de Carthage. Le sénat romain en ordonna une traduction en langue latine. Elle a disparu. « Cette perte est d'autant plus regrettable, que dans la colonie la tradition nous manque complètement. Selon toute probabilité, nous aurions trouvé dans le livre de Magon une base d'études inappréciable, car sa science était fondée sur des observations séculaires [1]. »

La domination des Romains contribua à entretenir la Libye dans un état de culture florissant. Il semble même que la colonisation militaire des Romains ait marqué pour la « province d'Afrique » l'époque de la plus extraordinaire fertilité. Pline parle d'un rendement de cent pour un dans la Byzacène. Strabon raconte qu'un procurateur envoya à l'empereur Auguste une touffe composée de quatre cents épis, tous sortis du même grain. Néron en reçut un autre de trois cents tiges. D'autre part, d'après les recherches que M. Lacroix a faites sur la valeur des blés romains, on constate que les blés d'Algérie étaient plus estimés à Rome que ceux des autres approvisionneurs. Quand les blés des Gaules, de Sardaigne, d'Égypte et de Grèce ne

---

[1]. Docteur Marès. (Dans la remarquable notice qu'il écrivit à l'occasion de l'Exposition de 1889 sur l'agriculture en Algérie.)

pesaient que six kilogrammes cinq ou huit cents grammes par « modius », le blé d'Afrique atteignait sept kilogrammes quatre-vingt-dix. D'après Pline, il donnait « quatre-vingt pour cent de farine et vingt pour cent de son ». La proportion actuelle est de quatre-vingt-un pour cent de farine et de dix-neuf pour cent de son. Variation insignifiante; mais combien la fertilité du sol s'est épuisée!

Le mal date de loin.

Sans doute, en pleine domination vandale, « les soldats de Bélisaire furent surpris de trouver, en débarquant, de belles campagnes, des parcs avec leurs arbres chargés de fruits [1] ». Sans doute, pendant les premières années qui suivirent l'installation des Arabes (jusqu'au xe et au xie siècle), ce qui restait des travaux d'irrigation créés par les Romains continua d'entretenir dans le nord de l'Afrique cette fertilité dont parlent Ibn-Hankal et Bekri. « La canne à sucre était cultivée à Kairouan, le coton à M'sila, l'indigo à Sebab, les mûriers et les vers à soie à Gabès, l'olivier partout, les toiles fines et la laine manufacturées à Suza »; mais déjà l'épuisement du sol se trahit, ici et là, à travers les dithyrambes que l'on continue de chanter, par habitude,

---

1. Mauroy, *Du commerce des peuples de l'Afrique septentrionale*, 1846.

en l'honneur de la terre d'Afrique. En 1227, les gens de Tlemcen souffrent d'une telle disette que le prix du blé « monte jusqu'à deux cent quarante francs le cafis » (plus de cent francs l'hectolitre) [1]. Dans le *Détail des importations d'Europe en Afrique au xive siècle*, M. de Mas-Latrie signale des envois « d'orges de froment, de fèves par la Catalogne, le Roussillon, le bas Languedoc et les Baléares ». Dès le xiiie siècle, les rois de Tunis, moyennant un léger tribut, s'étaient réservé le droit « d'exporter en franchise des blés de Sicile dans leurs États ». L'Algérie ne suffit plus à sa nourriture.

Cette décadence va s'accentuer sous la domination turque. Tant que les Arabes et les Berbères étaient demeurés les maîtres de l'Afrique du Nord, les princes indigènes avaient régné avec une apparence de justice et de tolérance. Les traités commerciaux avaient été généralement observés, les tarifs appliqués régulièrement. Mais, à partir du xvie siècle, c'est-à-dire de l'établissement des Barbaresques, les derniers vestiges de civilisation s'effacent. Des villes que Léon l'Africain et Marmol avaient vues encore commerçantes et prospères se dépeuplent : plus d'une disparaît entièrement ; des régions jadis fertiles retournent à l'état de désert ; des peu-

---

[1]. Suivant l'auteur de *Rouelh-el-Kartas*.

plades fixées au sol redeviennent nomades pour échapper plus facilement à l'oppression du vainqueur.

L'état d'abandon et la barbarie dans lesquels était plongée la Régence d'Alger a frappé les voyageurs qui l'ont parcourue avant la conquête française. Les seules voies de communication étaient des sentiers tracés par le passage des bêtes de somme. C'était là l'unique moyen de transport pour les marchandises. Aucune voie carrossable ne traversait le pays. Il ne restait plus que quelques vestiges des anciennes chaussées romaines. Les habitants n'allaient qu'à cheval. Les rivières se passaient à gué, car elles devenaient impraticables dans la région pluvieuse. Les parties déclives des plaines s'étaient transformées en de vastes marais tantôt boisés, tantôt couverts de hautes herbes, mais toujours pestilentiels. Pas un canal ne favorisait l'écoulement de ces eaux; les bestiaux erraient sans aucun soin de nourriture ou d'abri; toutes les propriétés sans clôtures étaient soumises, après la moisson, au droit de vaine pâture. Pour les coins de champs défrichés, les Arabes les « grattaient » légèrement avec une charrue « dont le soc bien souvent ne portait point de fer ».

On imagine ce qu'étaient devenues, dans ces conditions d'exploitation agricole, les récoltes qui jadis avaient donné « cent et cent cinquante fois leur semence ».

VIII

Je feuilletais les statistiques qui disent combien l'hectare de blé rend de fois sa semence en Australie, en Crimée, en Normandie, en Beauce, quand les enfants sont venus me chercher pour leur leçon quotidienne.

On ne peut recourir ici à quelque instituteur du bourg, voire au loisir d'un curé. Ceux qui font leur pain doivent aussi pétrir la cervelle de leurs enfants. Notre maison, comme le manoir du moyen âge, « se suffit à soi-même ».

Ainsi, chaque jour, à l'heure où la lampe de décembre s'allume, mes deux fils viennent s'asseoir en face de moi. A cette minute, la fatigue de la liberté, à l'air, dans la brousse, avec les bêtes, et les bergers, a calmé toute exubérance. Ces intelligences neuves sont en bonne disposition de recueillement.

Dans la pensée qu'il faudrait profiter de notre vie, tout près des éléments et de la terre, pour tourner ces curiosités d'enfants vers la merveille des sciences naturelles, j'ai de bonne foi apporté dans nos bagages un de ces petits livres qu'ils appellent aujourd'hui *Leçons de choses*.

Nous n'avons pas été au delà de la vingtième page.

Ces savants n'ont pas le don de parler à l'enfance. Ils oscillent dans le même chapitre entre l'incompréhensible et le puéril. Ils mettent de la bonne volonté, un grand savoir dans leurs petits manuels. Un mérite en est absent, le seul auquel les enfants, les simples sont sensibles : le sens de la vie.

Je me suis donc mis à enseigner la seule chose dont il me souvienne, hélas! après tant d'années d'études, les bribes de mon grec et de mon latin. Bien entendu, je n'ai déballé aucune de ces grammaires qui exposent tout d'abord à des écoliers la philosophie des langages. J'ai feint que ce latin et ce grec fussent des idiomes vivants. Nous nous sommes jetés bravement dans le Virgile et dans l'Homère. Nous avançons comme des pionniers qui se frayent une route à travers un bois vierge; si notre marche est lente, nous avons du moins la volupté de nous mouvoir dans de la vie.

Sûrement j'ai dit à mes deux petits compagnons de route :

— Je sais où je vous mène.

Quel guide se ferait suivre, s'il n'affirmait tout d'abord cette claire vue du but? Mais lorsque, en mon particulier, je m'interroge sur l'utilité de notre expédition, les doutes me viennent. Quand Colomb résolut d'imposer sa foi à ses équipages, il allait à la conquête d'un univers nouveau. Nous remontons, nous trois, le cours des siècles vers les mondes morts. C'est là que j'ai passé mon enfance, une partie de ma jeunesse, parmi les ruines décoratives. Ne serait-il pas plus sage de conduire ces enfants au champ, de leur enseigner sur le sillon les secrets inépuisables de la terre, de les initier aux rites des bêtes, de fortifier leurs muscles pour la bataille des espèces?

Certes, ces inquiétudes m'ont souvent visité dans ma maison de Paris quand une parole plus curieuse, un geste plus viril m'avertissaient que ces enfants prenaient des jours et que bientôt il conviendrait de les adapter à la vie. Mais ce soir, sur cette terre algérienne, dans ce recul de montagnes, avec tant de vide, tant de nuit autour de nous, ces doutes m'importunent — comme la bande de chacals qui, depuis la chute du jour, cernent la maison de leurs abois. Or voici que les enfants m'arrivent ravis d'une rencontre qu'ils ont faite aujourd'hui même dans leur promenade.

Les femmes d'un gourbi voisin étaient descendues au ravin avec le linge. Pour ces cloîtrées, la journée du lavoir, c'est la partie de plaisir. On y va en bande, avec les voisines, les personnes mûres surveillant les ébats de la jeunesse. On se déshabille derrière une touffe de palmiers nains ; on s'entortille dans un burnous, tandis qu'une amie savonne les gandourahs de laine et fait sécher les haïks.

Vous voyez d'ici la rumeur quand les deux garçons vous sont sortis des jujubiers avec leurs vareuses et leurs cols de marins ! On a crié comme des poules que les éperviers surprennent. On a jeté à la hâte du linge à moitié sec sur les beautés trop dévêtues ; puis la curiosité féminine a pris le dessus. On a voulu voir comment étaient costumés ces petits explorateurs de la brousse, quel signe singulier était brodé sur leurs manches avec un fil d'or... On s'est emparé d'eux, on les a retournés, on les a palpés comme des poupées, on les a emmenés au gourbi pour leur offrir le couscous.

Mes deux aventuriers reviennent si fiers de cette expédition que je désespère de fixer leurs attentions vagabondes ; ils ne prennent même pas garde à la lamentation des chacals qui, d'ordinaire, les rend graves.

Heureusement nous lisons le beau conte de Nausicâa, princesse phéacienne, que Minerve vint réveiller au lit sous un visage d'emprunt :

« Nausicâa, que ta mère t'a donc faite négligente !
» Voici que tes beaux vêtements sont jetés dans un
» coin. Viens-t'en laver tout cela, avant que l'aurore
» se lève. »

Ils riaient, avant-hier, mes deux pupilles, de cette princesse d'Odyssée qui plonge ses bras dans l'eau des lavoirs. Aujourd'hui, leur moquerie s'arrête, leur attention se fixe.

« Après qu'elles eurent lavé et blanchi ces toiles,
» elles les étendirent le long de la mer, là où le flot
» lave les cailloux de la plage. Puis, s'étant baignées
» et frottées d'huile, elles prirent leur goûter au bord
» du fleuve. Le soleil, pendant ce temps-là, séchait
» les vêtements. »

Si enfants qu'ils soient, ces écoliers ont la sensation qu'aujourd'hui ils l'ont vue de leurs yeux, Nausicâa, Princesse des Lavoirs. Et, sans effort, dans leurs cervelles tendres, éclate cette certitude que l'histoire enchaîne les hommes d'aujourd'hui aux hommes d'autrefois.

C'est sur cette pensée sérieuse, sur le respect des

ensevelis, que nous assoirons peut-être la morale qui demain protégera ces enfants contre les vertiges de l'égoïsme. Qu'ils suivent, au jour venu, la pente de leurs âmes; qu'ils vivent, s'ils peuvent, l'existence individuelle des conducteurs d'hommes ou qu'ils restent humblement dans la phalange, la noblesse de la vie est ici comme là. La grande affaire, à cette heure, c'est qu'on éveille en leur cœur l'instinct de gratitude qui, de l'effort du père et de la mère, aux lointaines souffrances des aïeux, estimera à son prix l'héritage de nos sacrifices.

IX

Je n'ai plus de goût pour les fêtes de rue où les gens s'écrasent autour d'un spectacle. Dans ces tumultes on perd sa volonté, ses instincts. On devient une parcelle de l'âme d'une foule. Rien de plus humiliant que ces naufrages en plein nombre. L'impuissance où je me sens de nager contre la collectivité anonyme, a toujours mêlé une angoisse au plaisir que je prends au théâtre. Il me semble que c'est un lieu où l'on me violente. Depuis que le métier ne m'y appelle plus, je n'y fréquente point.

Pourtant la solitude a aussi son vertige. Elle est inquiétante par la perpétuelle décision qu'elle impose. Rompre la chaîne des sentiments et des pensées personnelles, c'est ici entrer vif dans la mort. On y subsiste comme une sentinelle à l'avant-poste, soutenue par la certitude que le salut est au prix de la vigilance. L'effort en est vaillant ; mais l'esprit s'y fatigue ; une heure vient où l'on touche la limite de la puissance individuelle, l'instinct social se réveille : le besoin que nous avons des autres apparaît dans une claire lumière. Il donne du prix au maintien des plus naïves coutumes.

Ainsi les colons que nous sommes, isolés dans ce pli de montagnes, ont depuis longtemps les yeux fixés sur la belle fête de Noël. On la veut très brillante. Elle doit ressusciter tous les souvenirs de nos enfances, écloses un peu partout, en Autriche, en Italie, en Espagne, en France, en Suisse, en Angleterre, mais enchaînées les unes aux autres par cette ronde d'enfants qui vont tourner autour de l'arbre.

Car la ferme d'Haouche-bou-Akra aura, en ce jour, son arbre de Noël. Il y a des semaines que dans le ravin on a distingué un sapin unique, un petit pin d'Italie apporté par quelque coup de vent, poussé bien à l'abri du siroco parmi les palmiers nains et les lauriers roses. On l'a abattu soigneusement, en laissant un rejet pour l'année prochaine. Un bourriquot l'a hissé jusqu'à notre terrasse. Maintenant voici que l'arbre est debout, dans la plus large chambre avec ses tremblantes ceintures de lumière. La ronde des enfants tourne à son pied :

O mon beau sapin...

Et derrière ceux qui atteignent à peine le deuxième étage des branches, nous sommes debout, nous autres qui avons dressé l'arbre, allumé les bougies, suspendu les jouets et les fruits, nous autres qui savons le secret de toutes les joies illuminées, et que, sur la terre, il n'y a plus que le travail et la tendresse qui fassent des miracles.

... Je suis sorti avant la fin du jour, pour une heure, afin de voir ce clair soleil de Noël descendre derrière les montagnes.

... C'est le paysage des temps évangéliques. Tel nous l'avons entrevu, dans les rêves que l'on fait, enfant, sur les pages du Livre. La lumière est mystique, l'air pur. Là-bas des bergers gardent des moutons, des bœufs traînent une charrue ; quelques chameaux, près du marabout, lèvent leurs têtes étranges vers le feuillage des oliviers.

Est-ce la halte des Rois Mages ?

Vers quel gourbi de la montagne dirigez-vous vos pas, hommes d'Orient. Si je suivais vos montures me mèneriez-vous à l'adoration d'un pauvre enfant dans les langes, qui, un jour, dira à toute la terre le mot que nous attendons ?

Celui qui vint autrefois a parlé pour des simples comme vous, pour les contemplatifs qui habitaient l'enceinte de Jérusalem, les cubes blancs de la sainte colline. Il n'a pas connu nos villes peuplées comme l'enfer, où la magie du feu, accouplé avec l'eau, vole le pain de chaque jour aux enfants des hommes. Il nous a enseigné comment on supporte l'iniquité, non *comment on lui résiste;* il a livré son troupeau, lié aux crocs des loups.

Je reviens par la ferme ; j'entre dans la cuisine du métayer espagnol pour accrocher au mur ma selle, ma bride.

Devant la masure, les enfants jouent avec des oranges. Ils soufflent dans les trompettes que pour eux l'on a détachées de l'arbre. Un petit feu de broussaille est allumé dans la grande cheminée. Assise sur la marche du foyer, la femme de Quéco lit à la lueur vacillante. En latin et en espagnol, elle épelle tout haut son office de Noël. Elle ne prend pas garde à son dernier né qui lui boit au sein sa force épuisée.

Elle ne résiste pas, et le Livre lui suffit.

X

Est-ce lassitude des romans, qui, sans amour, par un itinéraire de sensations aussi connues que les étapes d'un voyage circulaire, vous déposent, à la dernière station, devant une maison de rendez-vous d'où sort une femme en larmes ? Mais je l'ai dévoré avec un enthousiasme rajeuni, avec l'ardente impatience de la suite, ce livre de Millot qui s'appelle modestement *Manuel du colon algérien*. Ce qui m'attriste, depuis tantôt dix années que, quotidiennement, je m'assois devant mon écritoire pour causer avec le lecteur inconnu, ce qui, mille fois, m'aurait découragé du travail littéraire, s'il n'était devenu un appétit régulier pour mon cerveau, c'est de sentir que les mots n'ont plus de sens. Ils ont été trop pressés. Celui qui les emploie en use sans confiance ; celui qui, une fois de plus, les voit repasser sous ses yeux, dans une compagnie nouvelle, est peut-être encore plus sceptique. On ne distingue plus à la sonorité, à l'éclat, l'or et la contrefaçon de l'or. La coalition des faux monnayeurs a pour un temps discrédité la vérité.

Au contraire, dans cette langue que j'apprends, chaque mot a sa valeur de réalité, son prix d'expérience. Je voudrais parler du jour au lendemain cet idiome des agriculteurs qui nomme des efforts véritables, des résultats de probité et de travail. Mais je traîne après moi les formidables ignorances ; dès le seuil, je me heurte à des phrases comme celle-ci :

« Admettant chez nos lecteurs les connaissances fondamentales... »

Hé ! non, mon cher monsieur Millot, j'ignore l'alphabet. Dans mon enfance, on m'a enseigné les racines grecques, la métrique de Plaute, quoi encore ? On ne m'a rien appris de la terre, de ce qui se touche, de ce qui est. Devant votre « étude des sols », devant vos définitions des « terres fortes » et des « terres légères », j'ai passé par l'émerveillement qui exhalta M. Jourdain quand son maître de philosophie lui apprit à distinguer la prose des vers. Comme lui, j'avais envie de m'écrier : « Les belles choses que tout cela ! » Et encore : « Que n'ai-je étudié ! »

Entre nos instincts, celui-ci est des meilleurs : quand l'homme croit tenir une vérité, il veut en rendre témoignage. Dans cette certitude, j'ai hâte de répéter, comme je l'ai comprise, la leçon de mon nouveau maître ; je la professerais volontiers du haut d'une tribune. Je suis prêt à la débiter, devant des cénacles de poètes décadents.

J'ai toujours été tenu par ces confrères plus jeunes pour un assez pauvre sire. Ils étaient choqués de mon activité, de mon goût de clarté, de la conviction avec laquelle — ayant passé par l'épreuve — je confessais qu'on y a la révélation du devoir et qu'on y désire Dieu. Ai-je jamais souffert de ces dédains? Je ne crois pas. Au contraire, j'aime la secrète inquiétude de ces esthètes, cette angoisse qui les fait se tordre sur eux-mêmes dans les souffrances de leur égoïsme. Je sens qu'ils souhaitent un remède à leur orgueilleuse misère. Je voudrais leur indiquer celui qui m'a fait du bien.

— Mais quoi, diront-ils, celui-ci prétend nous guérir en nous conseillant la lecture d'un livre d'agronomie! Qu'avons-nous à faire avec la culture du sorgho et l'élevage des moutons? Des gens sont nés pour ces basses besognes. Notre champ, à nous autres, c'est la pensée, l'art, l'idéal.

Soit, mais vous n'y faites rien germer, vous n'y nourrissez pas cette grande faim de vérité qui tous nous tient aux entrailles. Vous-mêmes, vous mourez d'inanition. Vous vous consumez dans l'attente d'une philosophie qui vous délesterait de la conscience, des affres du devoir, des inquiétudes du divin.

D'ici là, vous tâchez en vain de vous distraire; vos anciens plaisirs ne vous divertissent plus. L'ennui vous ronge, vos santés s'altèrent. Faites donc comme le malade à la chambre qui ouvre n'importe quel livre, afin de tuer l'heure. Lisez par-dessus mon épaule ce beau roman qu'un colon a écrit sur la terre algérienne. Sans y prétendre, parlant des labours et des bêtes, ce rustique vous fournira une merveilleuse leçon de mesure, de vaillance d'âme, d'intelligente probité, un manuel d'action, une morale que la spéculation philosophique ne sait plus sur quel principe établir.

XI

Le *Manuel du colon algérien* a ce premier mérite essentiel : ce n'est pas un livre pessimiste.

Aussi bien la théorie qui conclut au complet découragement est-elle un état des âmes oisives ou encore des orgueils qui, n'ayant point mesuré leurs forces, généralisent, après l'échec, leur égoïste désillusion. Cette atonie de la pensée ne peut être le fait d'un homme qui aime la terre et qui a le sens de sa fécondité. En cas d'insuccès, il n'accuse qu'un mauvais hasard, sa pauvreté ou son ignorance. Aussi bien la diversité des cultures est telle que, pour un esprit critique, tout échec devient une inoubliable leçon. Nous ne sommes plus ici dans l'ordre philosophique où l'homme est tout ensemble le jardinier, la plante et le sol d'expérience. Un agriculteur, comme dit l'autre, c'est un agent matrimonial qui, sur les comptabilités d'humeur du sol et de la semence, fonde la fortune de sa maison.

Ce « marieur » ne peut pas non plus être un optimiste. Il laisse les certitudes absolues aux théoriciens de cabinet, à ceux qui posent les problèmes de la vie végétale comme une équation d'algèbre. Il est, lui, un homme d'expérience. Il se sent, comme le marin, dans la main de Dieu. Les pèlerinages de fellahs aux tombes des marabouts, les processions de paysans aux rogations, subsisteront malgré la multiplication des bulletins météorologiques, malgré les stations d'agronomie, car l'homme qui a fait tout son devoir préférera éternellement Dieu au hasard.

La foi et l'espoir ne sont pas les seules richesses que le colon retrouve sous sa pioche. Il aime. Il faut l'entendre parler de sa terre algérienne. Elle lui apparaît comme ces compagnes de vie que l'on adore dans la fermeté de leurs lignes, dans l'éclat de leur jeunesse, mais que l'on se prend à chérir d'une tendresse supérieure à l'autre, d'un amour où il y a de la religion quand on voit qu'elles se sont usées à créer la vie.

Telle est bien l'aventure actuelle de cette terre d'Afrique que les Romains ont connue chevelue de forêts, blonde comme Cérès, souriante de tant d'eaux montagnardes, de torrents endigués, réglés par des barrages et qui, de toute plaine, faisaient un jardin d'oasis.

Le souvenir de ce paradis perdu hante les rêves des colons. Devant les ruines romaines, devant les écroulements d'aqueducs, plus malmenés par l'invasion musulmane que par la rouille des siècles, l'Algérien a des vertiges de colère. Ses indignations s'expliquent quand on voit comme l'indigène continue d'en user avec l'eau et avec la terre. Décidé à limiter son effort aux besoins quotidiens, il a laissé périr la culture romaine avec sa canalisation. Sous ses pieds d'errant, les terres, jadis ensemencées, sont retournées à l'état de pâturages incultes. Depuis des siècles il s'est contenté de labourer devant les « gourbis » le carré de blé nécessaire à la production du couscous. Or si l'hygiène moderne a prouvé que nos corps, pour prospérer, ont besoin de la respiration cutanée ; si elle a constaté que les pratiques hydrothérapiques entretiennent la belle santé de l'animal humain, cette double nécessité est pour la terre la condition même de la vie.

Ce grand corps respire, lui aussi, par les fentes de ses sillons. Si nul labourage ne rouvre ses pores, n'offre le sol ameubli à l'action bienfaisante de l'air et des météores, l'épiderme se durcit ; le sol devient incapable de retenir l'eau des pluies. Orages, averses, torrents glissent sur cette surface rigide comme un roc. La terre entre dans un sommeil où s'assoupissent toutes ses puissances fécondes.

Les colons qui, après la conquête, enfoncèrent les premières charrues dans ce sol engourdi, le réveillèrent de sa léthargie. Si, dans ce long sommeil, la terre n'avait pas repris de forces, du moins n'avait-elle rien dépensé; on peut dire que le contact de l'air, dont elle avait été sevrée pendant des siècles, lui rendit une seconde jeunesse. Elle se comporta comme ces amoureuses qu'une dernière passion incendie et qui s'y jettent avec toutes leurs puissances de sacrifice, sans se demander si ce feu les consumera. Encore une fois la Libye mit au soleil des blés merveilleux, avec une telle joie, une telle facilité à produire que ses nouveaux laboureurs ne s'avisèrent point que ce n'était point une moisson, mais l'âme même de la terre qu'ils récoltaient. Leur voracité presque cruelle s'acharna après ce sein où les semences ne germaient plus. Ils lui arrachèrent, en récriminant, ses dernières forces, et, quand elle ne répondit plus à la pression de leurs socs, ils la maudirent.

XII

Dites, je vous prie, en ce temps de lassitudes physiologiques, quel père, quelle mère ne sont devenus un peu médecins? Nous n'ignorons point que le fer est rare dans le sang de nos fils et le phosphate dans leurs os. Vraiment nous sommes plus savants que cela : une Parisienne, la première venue de ces mondaines qui fréquentent les palais de glace comme des temples d'hygiène publique où s'accomplit un acte un peu religieux, vous dira du haut de ses patins :

— Je fais avaler des œufs crus à mes enfants, parce que les phosphates de chaux, ceux qu'on vend dans de petites bouteilles, ne s'assimilent point. Je ne crois pas aux spécialités pharmaceutiques...

Ce n'est pas seulement pour les nouveau-nés débiles que la science moderne a inventé des « spécialités ». Il y a des chimistes qui tâtent le pouls à la terre, qui analysent ses sucs, qui l'écoutent respirer. Ce sont de grands hommes. Nous leur dresserons des statues sur les routes de campagne quand les foules aimeront plus ceux qui les servent que ceux qui les exploitent. Mais, ainsi qu'il est dans la logique, ces maîtres d'un art naissant sont avant tout d'ingénieux théoriciens. Ils croient de bonne foi que l'on peut remettre dans les os d'un enfant, dans la substance d'une terre, les phosphates que l'usure des siècles a éliminés. Ils se souviennent du temps où leur maître de philosophie raisonnait d'un homme idéal, qu'il connaissait intelligent, volontaire, sensible, dans des degrés égaux, chez qui la liberté était un fruit naturel de facultés harmonieusement équilibrées. A l'exemple de cet abstracteur, ils ont conçu dans leurs laboratoires un « sol-type ». Sa perfection, émiettée en cent parties égales, en compte trente d'argile, cinquante de sable, douze ou quinze de calcaire, cinq à huit de terreau.

Par malheur, l'homme des manuels classiques ne se rencontre nulle part. Vous en avez chez qui l'intelligence a étouffé le cœur et qui deviennent insensibles pour avoir voulu tout comprendre ; d'autres, chez qui la volonté a crû aux dépens de la raison ; d'autres, en qui une sensibilité passionnée fausse la rectitude des jugements. Autant d'atteintes à cette liberté dont nul philosophe, nul magistrat, nul confesseur ne peut connaître le degré, puisque personne n'oserait se vanter d'avoir, en ses éléments véritables, décomposé une âme.

De même le « sol-type » des chimistes n'existe pas hors des cornues. Tantôt un élément domine dans une proportion qui rompt l'équilibre et rend la terre impropre à la culture des céréales ; tantôt l'abus d'une semence a ruiné un sol fécond, dévoré un des éléments qui faisaient sa fertilité. Mais comme il est plus facile de connaître d'une terre que d'une âme, l'analyse agronomique indique exactement quels éléments dominent dans un sol ou en sont disparus ; elle dit encore dans quelles proportions ces éléments doivent être rapportés pour neutraliser les vices, exalter les vertus d'une terre quelconque, pour la rapprocher, autant que possible, du « sol-type ». Elle va plus loin encore, elle affirme qu'elle a créé une pharmacie où elle vend ce remède.

— Que vous manque-t-il pour rappeler la fécondité dans le sillon stérile ? Des phosphates ? De l'azote ? J'ai fabriqué des engrais chimiques qui vous restitueront tout cela...

— Et nous guérirons ?

— C'est mathématique.

Ces choses-là se répètent. Donc cette malade inquiète qu'est la terre algérienne a passé à son tour par le cabinet de consultation. On lui a formulé son ordonnance. Ensuite, elle est revenue à son père nourricier, ce bon colon dont me voici l'élève. Elle lui a tendu sa pancarte. Lui a froncé les sourcils pour déchiffrer ce grimoire, puis il a dit avec un soupir :

— Je les reconnais bien là, ma pauvre amie, ces messieurs du laboratoire, nos grands théoriciens de Paris ! Ils me font songer à ces médecins qui disent à une femme d'ouvrier, épuisée par l'anémie : « Restez au lit le matin, buvez du bordeaux, mangez du filet saignant, passez l'hiver dans le Midi et ne vous faites pas de chagrin. » Le seul remède qui convienne à une rustique comme vous, c'est, ma chère amie, une bonne hygiène sans drogues. Respirez largement, buvez à votre soif et refaites vos forces avec les aliments qui sont à votre portée.

Mon maître, M. Millot, s'exprime un peu autrement ; mais, tout de même, je résume exactement sa pensée :

« M. Georges Ville, dit-il, affirme que dans un sable calciné on peut, en y adjoignant tout ce qui lui manque, obtenir une belle récolte. C'est facile. Est-ce toujours pratique ? Nous répondons oui pour un vase de fleurs, non pour une exploitation agricole qui poursuit son but véritable : la production économique. Pas de chimères, surtout en Algérie, où nous avons tant à lutter. »

XIII

« ... Il faut faire respirer la terre algérienne ; il faut la désaltérer, enfin la nourrir. »

Voyons d'abord comment on la régénère par le contact de l'air.

J'ai ce spectacle quotidiennement sous les yeux.

Il nous reste, en effet, quelques hectares en friche. Ils s'étendent à flanc de coteau et descendent, en deux terrasses, vers les eaux de l'Hamiz. La première zone est couverte d'un inextricable maquis. Les lentisques, les jujubiers, les palmiers nains y étouffent quelques centaines d'oliviers sauvages. Quand le troupeau des boucs entre dans cette broussaille, il disparaît jusqu'aux cornes. Jamais je ne m'y suis faufilé avec mon fusil sans en sortir les jambes et les mains déchirées. Sous ces végétations perpétuelles et denses, la terre est asphyxiée depuis des siècles. Sa croûte a durci de telle façon que les pluies ne la pénètrent plus. Selon la pente, elles stagnent ou glissent par des rigoles naturelles.

La seconde terrasse n'est, en somme, qu'un exhaussement des limons de l'Hamiz au-dessus du lit actuel de la rivière. Pourtant, un accident torrentiel a empêché que la végétation ne s'installât sur cette terre d'alluvion. L'eau, en se retirant, a laissé une telle quantité de galets, de cailloux, enlisés dans la vase desséchée, qu'on dirait la désolation d'un champ de pierres.

Éric a décidé d'ouvrir ces friches à la culture.

Donc, on a fait savoir qu'il y avait à la ferme d'Haouche-bou-Akra adjudication de travail. Quéco, notre fermier espagnol, a présenté ses cousins, deux solides Mahonnais. Ces compagnons s'attaqueront à la brousse. Une famille arabe se charge de dépierrer la plaine d'alluvion.

Je visite volontiers les uns et les autres à leur travail. On fume une cigarette, on s'appuie un instant sur le manche des pioches. La rude besogne ! Il faut que de père en fils les dos de ces hommes aient été assouplis par les travaux qui courbent à angle droit, qui cachent tout le piocheur derrière l'élévation de ses reins dressés. On voudrait montrer ce combat d'avant-garde, cette première rencontre de l'homme et du sol vierge aux naïfs qui s'attendent à trouver ici une terre esclave, travaillant, sans qu'on la surveille pour enrichir le *massa*.

C'est le jujubier qui se défend le plus fort. On cerne sa souche d'un fossé en cercle, toute la stratégie d'un camp romain. Des racines rampent dans des terriers, fuient devant la pioche, avec un entêtement de blaireaux. Elles luttent jusque dans leur dernière retraite, contre la main robuste qui les saisit. Et le palmier nain, cet arbuste qui, en Europe, ferait l'ornement d'une serre ! Il est ici le lilliputien, l'innombrable ennemi qui tient le colon en chaînes, qui paralyse l'effort de Gulliver. Il y a de la malice dans son fait. Pas un chasseur de la brousse qui ne le haïsse autant que les laboureurs. On l'exècre pour les vivants frissons qu'il a, quand on le frôle, pour la renaissante illusion qu'il crée de quelque gros gibier détalant du gîte sous vos pas. C'est une vengeance de voir à l'air ces racines fauves et velues comme des queues de chacal.

A la seconde terrasse l'escouade en burnous soulève de grosses pierres : un homme, deux femmes, un jeune garçon, un bourriquot. Ce sont ces batteurs de routes qu'on appelle ici « mesquins », comme si la pauvreté était leur patrie particulière. Eux content qu'ils arrivent d'Aumale ; mais la haute coiffure des femmes, l'espèce de tiare qu'elles portent sous le haïk, à la mode des nomades du sud, dit leur origine oubliée.

D'où que viennent ces gens à faces brûlées, ce sont de rudes travailleurs. Ils ont pris cette besogne à la tâche. Ils peinent du lever au coucher du soleil pour hâter le jour de la paye qui changera ces pierres en pain. L'homme s'est excusé d'atteler deux femmes à ces travaux.

Il a dit avec un sourire de mélancolie :

— Elles mangent aussi...

Les jupes courtes sont d'avant en arrière relevées entre les genoux, comme un pantalon de zouave ; d'étranges mocassins de cuir — tels que les Indiens en portent dans la prairie — chaussent, au-dessus des chevilles, les jambes nues ; les bras nus aussi découvrent, dans leur mouvement de travail, tout le flanc et la poitrine ; des épingles-broches en argent, incrustées de coraux et de faïences bleues, retiennent les plis de l'étoffe, assemblés à la chute de l'épaule ; la plus âgée accroche même à son cou une boucle qui est d'une réelle originalité. Et ces bijoux, sur ces haillons, les bracelets de cuir qui glissent le long des bras musclés de travailleuses, vont bien avec la distinction presque dédaigneuse du visage, avec ces finesses d'attaches d'une race jadis oisive, muette aujourd'hui dans ses souvenirs, courbée avec résignation aux besognes inclinées des « mesquins ».

L'aspect de cette terre mise au jour par la pioche des défricheurs et la hachette des dépierreuses est à lui seul une leçon.

Les cailloux enlevés, les souches arrachées laissent dans le sol de béantes cicatrices, des façons de cratères, au bord desquels la terre s'éboule par larges mottes. Il faudrait des vrilles pour forer des trous dans cette ténacité inerte. Comment auraient-elles pu y cheminer, les racines légères des céréales et des légumineuses, le blé, l'orge, l'avoine, les herbes des prairies qui vont chercher leur nourriture jusque dans le sous-sol, à un mètre cinquante sous la terre?

Le moment est venu de faire entrer les charrues dans ces terres nettoyées, afin qu'elles désagrègent les mottes en parcelles et qu'elles exposent toutes les faces de ce sol aux influences des météores.

J'ai voulu mettre la main à ces labours profonds.

On n'use pas dans ce pays-ci des instruments perfectionnés qui, appuyés sur des roues inégales, tracent le sillon sans que la main de l'homme les dirige. L'outil que j'ai devant moi est l'araire primitif, sans roues, celui dont Virgile se servit dans son champ de Mantoue. Il déchire le sol, il le soulève plus qu'il ne le retourne. Un léger choc, et voilà sa dent hors du sillon ; une pression maladroite et il s'enterre si fort que les bœufs restent en désarroi. Tant que l'on est un apprenti, on va, visant la terre;

entre le timon de la charrue et la première paire de bœufs. C'est l'âge des brisures, des zigzags et des enfouissements. Puis l'expérience vient. Le seul frémissement des manches de l'araire répercuté dans les bras, instruit de l'effort nécessaire. Alors on pousse devant soi, sans défaillance. Chaque bande, soulevée d'une puissance égale, s'adosse à la bande qui la précède. La charrue donne en plein, les quatre paires de bœufs s'allongent, rampent, dans un effort unique. On avance, suivi des hochequeues, des oiseaux impatients de picorer dans le sillon ; on avance, au milieu des fouaillements du « iaoulet » qui règle l'effort des bêtes, les appelle par leur nom, commande les voltes à la voix :

— Hé ! Marengo !... Dja !... Hé ! Djoli ! Huô ! Djoli !.., Huô !

Est-ce ce grand ciel sur la tête qui vous étourdit ? Est-ce l'odeur des germes enfouis qui vous grise, ou quelque souvenir des émotions anciennes qui gonflèrent le cœur de l'homme, quand, pour les premières fois, il sentit que son génie s'emparait de la vie végétale ? Mais on éprouve à cette minute un mouvement d'orgueil et un élan d'amour. Des poètes ont vu des formes de femmes couronnant les crêtes de la mer de la volupté de leurs lignes. Combien est-elle ici plus vivante, plus tangible, l'apparition ! De la volute du soc un corps de femme se dégage, une hanche d'épouse ondule à fleur de sol. On voudrait saisir cette apparence, embrasser cette vivante tiédeur. Et il remonte dans la mémoire, le cri d'amant du Cantique :

« Tu es belle si tu es noire... »

XIV

Il faut que la terre d'Algérie soit désaltérée.

« L'utilité et la bienfaisance de l'irrigation n'ont pas besoin d'être démontrées. Il suffit de dire que la présence et l'utilisation des eaux amène la richesse, que les aménagements en eau civilisent et pacifient un pays mieux qu'une armée et qu'ils dénotent, chez un homme comme chez un peuple, une persévérance d'action, une profondeur de vues, une intelligence de ses intérêts, un souci du bien-être de ses successeurs qui prouvent qu'il est bien le maître du sol et qu'il a la certitude de le demeurer [1]. »

Sans traverser la mer, le lecteur français a pu

---

1. Millot, *Manuel du colon algérien*, Étude des sols.

constater en Espagne combien cette opinion est véritable. Enrichie par le système d'irrigation importé par les Maures, l'Espagne se soutient seulement par des aménagements gigantesques de ses rares rivières. « Partout où l'eau passe, dit l'expérience de Sancho, le sol devient un jardin. » Et l'histoire constate que la puissance des Espagnes a toujours coïncidé avec l'exécution des grands travaux hydrauliques.

Si la légende de l'eau créatrice des jardins a passé la mer dans les galères des Maures, il semble qu'elle devrait être la religion même de ces pays d'Afrique. Il n'en est rien. L'incurie de sauvage où le fellah est muré n'a pas été moins fatale aux destinées de l'eau qu'au sort de la terre.

Sans sortir du rayon de nos promenades quotidiennes, voici, près de nous, dans la montagne, une source ferrugineuse. Elle jaillit toute pure d'un rocher. Elle fait un jardin frais au pied d'un éboulement. Des orangers sauvages ont poussé dans ce gazon. Un dattier les domine de ses palmes.

Une tribu est venue s'installer dans cet endroit riant. Il aurait suffi d'apporter dix pierres pour établir un abreuvoir où le bétail se serait désaltéré. L'insouciance arabe n'a pas pris tant de peine : chèvres et moutons entrent dans la source ; ils l'ont empoisonnée.

Plus près de nous encore, à quelques mètres de la

ferme, on a creusé un puits qui nous alimente, il a fallu le clore avec un volet de fer, car un certain Abd-el-Kader, qui cultive des tabacs sur la colline, y venait puiser clandestinement toutes les nuits. Ce n'était que la moitié du mal; mais ce voisin sans façon jetait de grosses pierres dans le puits, afin de hausser le niveau de la source et de raccourcir le trajet de son seau.

A ce régime tous les puits ont été comblés, toutes les sources corrompues. Et pourtant quels miracles on peut produire dans ce pays-ci avec de l'eau courante! J'ai vu cela autrefois dans le Sud [1]. Qu'est-ce, en effet, qu'une oasis, sinon une fontaine qui jaillit à fleur de sable. Aussitôt la vie apparaît où la désolation était installée. Depuis des jours, des semaines, vous marchez sur une piste de caravane, vous avez les yeux brûlés du reflet de la terre rougeoyante, de la poussière des dunes que le soleil liquéfie, et voilà que, devant vous, se dresse une forêt de palmiers. L'oasis d'Ouargla en groupe trente mille en un seul bouquet. Sous ces arbres il y a des potagers verdoyants, des pastèques mûries dans l'eau, de la vigne qui escalade, comme à Metlili, le tronc rigide des palmiers. Cependant, ces Sahariens

---

1. Hugues Le Roux, *Au Sahara*. Chez Marpon et Flammarion.

ne possèdent ni fumiers, ni engrais chimiques. Ils n'ont à leur disposition que ces trois éléments de la vie végétale : du sable, de l'eau et du soleil.

Le prodige que l'eau et le soleil accomplissent en plein désert renaîtrait plus surprenant encore dans notre zone tempérée. Malheureusement, une très faible partie du sol algérien est irriguée à l'heure qu'il est. Citerai-je le chiffre exact? Il nous humilie devant les ruines des aqueducs romains. C'est tout juste si nous avons su désaltérer la huitième partie des terres *arables* comprises dans cette bande qui court entre les montagnes de la Méditerranée.

Les capitaux français, insuffisamment renseignés et hardis, n'osent pas s'associer pour entreprendre en Algérie les travaux indispensables. On laisse à l'État le soin de tout créer.

L'expérience prouve pourtant qu'une administration chinoise stérilise dans la pratique ses plus généreuses initiatives. Ainsi, cette ferme est bâtie sur les canaux d'un barrage qui a coûté deux millions. Ceux qui le règlent l'ont fermé, cet été, sans même avertir leurs clients. Quiconque avait compté sur sa ressource a perdu sa récolte. Les canaux à sec n'ont servi qu'à propager la fièvre dans tout le pays. Et ce qu'il y a de plus triste, c'est que cette monstrueuse sottise n'a surpris personne. Le Mahonnais qui est venu créer le potager d'Éric l'avait averti de ce qui adviendrait.

Son maître lui disait au printemps dernier :

— Pendant l'été vous aurez l'eau du barrage pour arroser vos légumes.

L'homme a répondu :

— De qui dépend-il ce barrage ?

— Des Ponts et Chaussées.

— Alors ne comptons pas sur lui.

— Mais je suis abonné !

Le Mahonnais a haussé les épaules.

Dans l'impossibilité où nous sommes d'immerger nos champs à la façon des vieux Égyptiens et des Sahariens de l'oasis, il a fallu traverser les terres de drainages profonds.

Comme ces champs sont installés à flanc de montagne, les régions basses recevaient jadis le flot des deux torrents qui marquent aujourd'hui les frontières de la ferme. Éric les a soulagés en traçant à la charrue des doubles sillons qui permettent au sol de s'égoutter. Mais il ne s'est pas contenté de favoriser l'écoulement des eaux qui stagnaient au bas de la colline. Il s'est efforcé de retenir les pluies à mi-côte par un régime de fossés horizontaux. Ces réservoirs obligent l'eau recueillie à pénétrer jusque dans les sous-sols. Ainsi on y emprisonne une fraîcheur qui subsiste jusqu'à l'été et que les racines aspirent avec délices.

Reprenons donc, s'il vous plaît, la juste comparaison qui fait de la terre algérienne une personne asphyxiée.

Par de profonds labours nous avons rétabli le jeu de ses poumons. Nous avons ranimé sa circulation par le drainage. Voici qu'elle se réveille de son évanouissement. Elle va guérir si seulement ceux qui l'ont rappelée à la vie ont de quoi soutenir son inanition.

XV

Je complète mes classes par l'étude chimique de ce sol. Je me risque dans les mémoires de G. Heuzé, Isidore Pierre, Georges Ville, Girard et Muntz.

J'ai honte vraiment de penser que je puis encore égrener de mémoire le chapelet des douze fils de Jacob, que je connais les aventures des sept rois de Rome, celles des Mérovingiens, celles d'un tas de héros romanesques et que je viens de lire pour la première fois la merveilleuse biographie du « végétal » que ces savants ont écrite à côté de mon ignorance dédaigneuse. C'est tout au plus si je connais les noms de ces sages pour les avoir aperçus au bas de quelques articles de journaux, que j'avais coutume de sauter à pieds joints. Si ces lignes tombent un jour sous les yeux de ces savants, je les prie de me prendre en indulgence pour la sincérité de mon enthousiasme actuel et pour l'humilité de ma contrition.

Donc il paraît que tous les végétaux (l'arbre comme la plante, comme la mousse) se décomposent à l'analyse en quatorze éléments, toujours les mêmes. Quatre éléments organiques : le carbone, l'hydrogène, l'oxygène et l'azote ; dix éléments minéraux : le phosphore, le soufre, le chlore, le silicium, le fer, le manganèse, le calcium, le magnésium, le sodium et le potassium. L'ordre dans lequel ces quatorze éléments sont combinés crée l'individualité de la plante, comme les sept notes de la gamme, suivant leur combinaison, déterminent une phrase musicale. Jamais ils ne se séparent : ils sont l'invariable substance de la vie végétale.

Parmi les dix éléments minéraux qui existent dans la plante, sept sont renfermés dans le sol, aussi régulièrement que le sel est épandu dans la mer. Ainsi l'agriculteur n'a pas à se préoccuper de fournir cet appoint. Les trois autres ne s'y trouvent que dans une proportion limitée. Il faut les lui apporter ou renforcer leur puissance. Ce sont l'acide phosphorique, la potasse et la chaux.

Parmi les quatre éléments organiques, trois sont fournis par la nature en quantité illimitée : le carbone provient de l'acide carbonique de l'air, l'hydrogène des pluies, des rosées, des eaux souterraines, l'oxygène de l'atmosphère. Mais l'azote? Sans doute, le sol le contient sous trois formes : à l'état organique dans les résidus des vies végétales et animales, à l'état ammoniacal, à l'état de nitre. Richesse insuffisante. Quelques récoltes suffisent à le dévorer et le sol épuisé ne peut plus nourrir les semailles qu'on lui confie. Reste donc au laboureur à remédier à cette anémie de la terre par l'apport des quatre éléments qui lui manquent : l'azote, l'acide phosphorique, la potasse et la chaux. Voilà, résumée, toute la théorie de la restitution et de la production.

Nous avons tous joué, dans notre jeunesse, la *Cagnotte* de Labiche. Il y a là dedans un bon cultivateur de la Ferté-sous-Jouarre (il s'appelle... au diable, le nom!) qui trouble le repos de ces compagnons en leur déclarant à chaque plat :

— Ce melon-là... c'est de l'engrais; ce gigot... de l'engrais... C'est de l'engrais, tout ce que vous mangez.

Et les spectateurs de rire.

Je le gagerais, le bon fermier qu'était Labiche avait essayé cette plaisanterie sur ses invités avant de l'apporter au théâtre. Il regardait avec sa bonhomie ironique les grimaces de ces citadins. Il pensait à part soi :

— Ces gens sont grotesques avec leurs protestations. Ils nous donnent la comédie.

Me voici du côté de ceux qui ne rient plus, de ceux qui ne pincent pas les narines quand, devant eux, on parle avec lyrisme de la vertu des engrais.

Je viens de suivre mon bon guide à travers les laboratoires et les fermes modèles, où ces engrais sont essayés sous leurs formes savantes et naturelles comme engrais chimiques et comme engrais verts. Je suis entré dans les considérations d'une sagesse prudente, d'un sens pratique qui ne veut ni flatter ni se faire valoir, mais seulement épargner au prochain les écoles de la désillusion. A cette heure mon jugement se forme. Ce n'est pas le répons d'un diacre dévot qui sert la messe de son curé, c'est une certitude qui a éclairé son ignorance par le livre, par les questions, par l'enquête, avec le désir de répandre une vérité utile.

Et voici comment se formule cette sagesse:

Si l'Algérie veut triompher de la crise où elle se débat, qu'elle ne cherche pas son salut dans l'élargissement de son vignoble, dans la culture des céréales qui épuiseraient ses dernières forces. *Il faut qu'elle se fasse terre d'élevage*, car non seulement le bétail relèvera momentanément sa fortune, mais il lui restituera avec le temps sa fécondité épuisée.

XVI

Dans cette certitude, le Romain, dont les pratiques doivent être soigneusement recueillies, avait fait de l'Algérie un vaste parc à moutons. Il ne les envisageait pas comme bêtes de boucherie, mais comme les éclaireurs de la prospérité agricole, surtout comme producteurs de ces laines, qui étaient, en ce temps-là, l'unique trame des vêtements. Dans cette préoccupation, Rome avait emprunté aux Grecs l'espèce dite des « moutons de Tarente ». Leurs toisons étaient si délicates qu'on les disait originaires de Colchide. Columelle nous a donné des renseignements précis sur les soins dont on entourait ces sujets d'élite. Ils étaient nourris dans des bergeries fermées, protégés contre toutes les intempéries par une couverture qui ne les quittait jamais. Les étalons de cette souche se payaient jusqu'à cinq mille et six mille francs de notre monnaie. Songez donc! c'était avec leur laine que la maîtresse du monde filait les toges de son sénat, la pourpre des triomphateurs.

Ces éleveurs, qui achetaient si cher des béliers de choix, n'étaient pas des spéculateurs, mais des esprits pratiques. Ils acclimatèrent en Algérie les moutons de Tarente. Leur mouton eut ses villes. C'est dans cette royauté qu'on cherche l'origine de cités, comme les importantes ruines éparpillées au sud de Batna. Nous comprenons mal que de pareils centres de population aient pu prospérer dans des régions aujourd'hui cruellement desséchées. C'est que le Romain ne conquérait point par vanité de s'agrandir, mais pour s'enrichir de sa colonie. Maître de vastes espaces impropres à la culture, il créa sur place les moutons qui seuls pouvaient les mettre en valeur.

C'est à ces races perfectionnées par les Romains, améliorées par les Maures, que l'on fait remonter l'origine des mérinos. Ce fut aussi bien d'Algérie que les Maures tirèrent les troupeaux qu'ils voulaient introduire dans leur nouveau royaume. La nécessité de passer la mer imposait aux conquérants le souci d'un choix. Le mérinos espagnol peut être considéré comme le type à peu près parfait du mouton, qui fit, pendant des siècles, la fortune de l'Algérie.

Se cache-t-il encore, déchu et dégénéré, dans la plèbe de nos troupeaux ?

On l'affirme et je n'irai pas, pour m'en convaincre, plus loin que notre bergerie.

C'est l'heure où les brebis remontent du torrent. Il y en a deux cents à peu près, toutes mères. Elles avancent, pressées de rejoindre les agneaux, elles se bousculent avec des frôlements doux de leurs épaules laineuses. Une « touareg », toujours la même, tient la tête du troupeau ; plus tendre, ou plus incommodée par le poids de ses mamelles, elle se hâte en bêlant. Cette sauvage est inconnue dans nos bergeries de France. L'œil expérimenté la distingue à peine d'une chèvre blanche ; elle a même hauteur, même ossature anguleuse, même poitrine serrée, même pis traînant à terre, même toison réduite à l'état de crin, lisse et courte. Elle est faite pour ce pays de grande soif et de sobriété inouïe. Sa fécondité est celle des pauvres qui se hâtent de multiplier leur lignée pour la sauver des rançons de mort.

Au contraire, ces « barbarines » qui l'accompagnent sont des femelles peu fécondes. Elles descendent des pâturages de Constantine. Elles sont faciles à distinguer par les lourdes queues qui les alourdissent. Le jour où la sélection remplacera les accouplements de hasard, ce type est condamné à disparaître, car sa viande est sèche, gâtée par une odeur de suif.

La foule du troupeau se compose de ces sujets qu'on nomme communément « ovins d'Algérie ». Ces bêleurs ont une physionomie caractéristique. L'animal est haut sur jambes ; sa tête volumineuse, son chanfrein busqué, son œil bien ouvert et saillant. ses oreilles horizontales, voire pendantes. Les cornes, souvent multiples, se courbent en arrière. Arrêtons quelques-unes de ces brebis au passage : la poignée de laine qu'elles nous laisseront dans la main est d'un brin peu tassé, sec, lisse et long.

Voici pourtant trois individus dont la toison semble nettement vrillée. Les brindilles de laine descendent ici entre les yeux ; elles coiffent le nez, elles s'ébouriffent comme une houppe. De même, au lieu de laisser les jambes nues, elles habillent les cuisses et les épaules jusqu'aux jarrets, jusqu'aux genoux. Point de doute. Ce sont là des enfants dégénérés de la race mérine, des sujets qu'il faudrait faire sortir du troupeau, parquer à part et réserver pour des étalons de race pure.

J'admire les dédains que professent pour de tels soins les gens qui consacrent à la spéculation toutes les forces de leur esprit. Ce n'est pas seulement l'homme technique, le bon élève d'Alfort ou des Instituts agronomiques, c'est le véritable savant, le philosophe de la jeune école, celui dont le temps est partagé entre la psychologie et les visites aux hôpitaux ou aux laboratoires, dont les lumières seraient précieuses pour trancher des questions comme celles qui se posent ici : faut-il relever une race par la sélection ou par le croisement? Si quelques-uns de ceux qui dissertent *a priori* des problèmes de la vie voulaient chausser des souliers à gros clous et venir parmi nous étudier dans un milieu naturel l'évolution d'une race, ils corrigeraient leurs utopies. Ils verraient le bélier mérinos, importé à grands frais de Rambouillet, qui dépérit, qui perd toutes ses qualités sur un sol nouveau, sous un climat différent. On leur montrerait le bélier de Naz, un bressois, celui-là, dégénérant sur une pente aussi rapide. Ils constateraient, au contraire, que les mâles mérinos, choisis dans les garigues de la Crau, font souche en Algérie, qu'ils s'acclimatent sans effort, qu'ils relèvent la taille des troupeaux où on les lâche, qu'ils transforment leur viande et leur laine. Ils recréent dans des coins ce merveilleux mouton qui a fait jadis la fortune de ce sol, et qui peut y reparaître si on a la ferme volonté de le ressusciter.

Il n'y a que des hommes vraiment supérieurs pour accepter que l'expérience contredise leurs théories. Ces gens de savoir ne s'entêteraient pas devant les preuves. De tant d'essais avortés, ils conclueraient que le climat veut rester ici le maître de tout. Ils s'inclineraient devant sa tyrannie. Ils renonceraient à recréer de toutes pièces, par le croisement, une race qui veut être lentement recontruite par la sélection.

Ceci dépasse l'utilité de la bonne laine et de la savoureuse boucherie ; c'est une règle de politique, de morale sociale, d'éducation. Direz-vous que la théorie en est connue, qu'on l'apprend dans des manuels, qu'elle devient une vérité d'enseignement primaire? J'ai, lu quelques-uns des livres où cette science de l'être est formulée. Après cela, j'en raisonnais comme de théorèmes mathématiques. Je répétais des mots, je me gonflais d'un savoir infécond. Je n'ai soupçonné la merveilleuse beauté, la moralité supérieure de ces lois d'hérédité que le jour où je suis sorti des abstractions pour toucher la vie.

J'entends bien que l'on peut dire :

— Eh quoi! voulez-vous raisonner du mouton à l'homme?

Vraiment je sens beaucoup de la bête en moi ; chaque jour, mon orgueil s'humilie davantage à constater que tous les rythmes qui la régissent me gouvernent. J'aime mieux établir nettement les charges de ce cousinage que de rester dans l'incertitude sur un sujet, où, selon mon humeur, je me mets trop haut ou trop bas, au degré de la bête ou au niveau de l'ange.

XVII

Nous autres colons nous n'habitons qu'à l'embouchure de ce fleuve de moutons : le réservoir immense est sur les Hauts Plateaux aux mains des indigènes qui le gaspillent et le souillent. Combien en ai-je rencontrés, de ces troupeaux, houleux comme une mer, quand, d'Aïn-Sefra à Géryville, je longeais les interminables plateaux du Djebel-Amour ! La chaleur pourtant avait refoulé dans le nord le gros de ces armées. Et quelles cohortes ! Douze millions de moutons, six millions de chèvres que le nomade, usant librement de l'espace, promène à sa fantaisie à travers quarante millions d'hectares.

Sur la fin de mars, au début d'avril, l'herbe des contreforts sahariens se fait rare ; en même temps les eaux s'évaporent; alors les moutons commencent à s'élever vers le nord, le long des pentes de plateaux. Ils avancent à petites journées; ils ne forcent l'étape que tous les trois jours, pour gagner un puits; sur le sol, parfois dénudé, ensablé par les vents, le troupeau glane. A mesure que l'on approche de quelque marché important, on procède à la tonte des bêtes dont les toisons doivent être vendues. C'est le cas du grand nombre, car la tonte de février ne servira qu'à subvenir aux besoins de la tribu. On monte, on monte toujours vers le nord, selon les caprices d'un itinéraire de contre-marches et zigzags, qui suit la ligne des *dayas* et des puits. Il s'agit d'arriver avant le fort de l'été, avant le dessèchement des petits trèfles et des graminées, aux régions du *dis* et de l'*alfa*.

Faut-il dire que la bête transhumante souffre tout le long du chemin ? La soif et la chaleur l'épuisent; le sable l'assaille; trop heureuse si, un jour d'orage, elle peut trouver abri derrière quelque touffe. Pourtant, à la fin de mai, en juin, elle arrive en parfait état sur les marchés de vente et d'échange, à Sebdou, à Daya, à Saïda, à Frenda, à Chellala, à Djelfa, à Bou-Saâda, à Batna, à Aïn-Beida, à Tébessa. Là le nomade se rencontre avec les courtiers indigènes, avec les rares Européens qui ont appris sa langue, afin de traiter directement avec lui. Il vend ses toisons, sa chair grasse. Puis, avec ses mères pleines et ses réserves, il redescend doucement vers les quartiers d'hiver.

En octobre, quand les pluies reparaissent, les pasteurs de tribus sont tous campés avec leurs troupeaux sur les points de l'extrême sud. L'hiver se passe à la belle étoile, sous la garde de Dieu. Les agneaux naissent. Si l'hiver est doux, la mort frappe un petit sur quatre; si les froids sont rudes, si, à différentes reprises, la neige s'installe plusieurs jours de suite, on perd un agneau sur deux, parfois davantage. Les mères et les réserves passent subitement d'une nourriture sèche à une nourriture aqueuse, de la chaleur à la froidure. Il arrive donc qu'elles aussi succombent dans les mêmes proportions. Le nomade regarde la mort faire son œuvre; il ne se frappe pas la poitrine; il ne se dit pas qu'en réformant ses séculaires incuries il pourrait, dans l'avenir, atténuer de pareils désastres. Il se résigne, il songe que « c'était écrit ».

Je ne sais pas s'il viendra à quelques-uns de mes lecteurs l'idée de jeter les yeux sur une carte, pour se rendre compte des difficultés d'un tel voyage. Quelques imaginations qu'ils s'en forgent, elles resteront au-dessous des misères qu'engendre ici un climat extrême. Évidemment, dans ce système de transhumance, on ne peut exiger que le mouton algérien, sorti d'accouplements de hasard, nourri et désaltéré à la grâce de Dieu, apporte sur les marchés ces laines fines, ces chairs délicates qui sont ailleurs la maturité d'une nourriture riche, d'une hygiène choisie. Il ne faut pas décrier ici, mais admirer la rusticité inouïe, résultat d'une sélection naturelle, séculairement surveillée par la mort.

Veut-on savoir en effet quelle est, dans l'évolution de cette race abandonnée à soi-même, l'unique intervention indigène?

Le nomade a fini par apprendre que le bélier, à cause de l'odeur de suint, était de mauvaise défaite sur les marchés de viande. L'expérience lui enseignait en même temps que le mouton plus savoureux plus gras, est acheté un bon prix par les Européens et par ses coreligionnaires. Le berger est, ainsi que tous ceux de son sang, un homme de profit immédiat. Donc depuis quelques années il a commencé de hongrer les bêtes qui, par la beauté de leurs formes, l'élévation et la force de leurs membres, lui semblaient propres à tourner en bons sujets de boucherie. De cette façon la race est perpétuée par des béliers de second ordre.

Chacun a sa façon d'entendre et de pratiquer la sélection.

XVIII

Dans ce péril, l'État s'est décidé à prendre le troupeau algérien sous sa protection. Son intervention a eu ce triple caractère, commun à toutes les initiatives de l'État français : la générosité, l'ingéniosité théorique, la stérilité pratique.

Donc, dans la commune de Boghari, on a fondé un établissement qui est connu sous le nom de « Bergerie nationale de Moudjebeur ». C'est le laboratoire où l'on veut refaire la race. On y a tenté les croisements dont je parlais plus haut. Moudjebeur a fabriqué des béliers-étalons. Il les a prêtés aux colons, pour les aider à transformer leurs produits. L'idée était sans doute excellente. Mais comme il arrive dans les occasions où l'État cède ce qui lui appartient, il a entouré sa largesse de tant de formalités, elle est devenue un prétexte à tant de tracasseries administratives, que le colon s'est fait sur les étalons de Moudjebeur l'opinion que, nous autres, riverains de l'Hamiz, nous nous sommes formée sur le Barrage : c'est à savoir que ces richesses existent virtuellement, mais qu'il ne faut point songer à s'en servir.

D'ailleurs, en l'état actuel, les colons ne sont pas éleveurs. Ceux qui, encore peu nombreux, cherchent dans le trafic du bétail un remède à d'autres déboires se contentent d'arrêter les moutons au passage. Ils améliorent quelques sujets par la demi-stabulation, puis ils les livrent au boucher ou les embarquent pour la France. Des nourrisseurs, ainsi installés aux portes de l'abattoir, ne peuvent exercer aucune influence sur les destinées du troupeau algérien.

Moudjebeur ne s'est donc pas entêté à imposer des béliers dont personne ne voulait. Moudjebeur a remis ses étalons à l'écurie, et l'on a décidé d'aller prendre le mal à sa source. On s'est attaqué au nomade. On a pensé que la conversion du berger indigène aux principes élémentaires de l'hygiène et de la sélection était la réforme la plus importante, en même temps que la plus facile à obtenir.

Et vraiment, quoi de plus logique ? Il est démontré que le nomade est responsable pour une bonne part de la dégénérescence du troupeau? On ne peut corriger du jour au lendemain le climat, premier auteur de cette décadence; mais l'homme heureusement est plus malléable! Les Algériens exagèrent sans doute quand ils déclarent l'indigène irréductible. Il y a de la rancune dans leur fait. Les personnages politiques qui, de temps en temps, visitent l'Algérie en caravane, en ont remporté des impressions toutes différentes. Ils n'ont vu que des Arabes occupés à cirer leurs bottes, à porter leurs valises, à leur baiser les mains Entre ces « Beni-Plaça » et les nomades des Hauts Plateaux il y a sans doute quelques différences; mais enfin on peut se faire une idée de ces nuances par le spectacle que donne en France le paysan comparé avec l'homme de ville. Notre campagnard est, lui aussi, méfiant, routinier ; cependant tous les jours on conquiert un peu de terrain sur ses résistances.

Comme suite à ces ingénieuses réflexions, on a fondé l'école normale des bergers indigènes de Moudjebeur. On a pris des nomades de bonne volonté, des gens qui ne demandaient pas mieux que de se faire héberger et loger, pendant quelques saisons, par les soins de l'État. On leur a enseigné d'abord le français, puis tout ce qui concerne leur métier de bergers. Il ne restait plus qu'à leur délivrer un diplome de parchemin et à les renvoyer sur les Hauts Plateaux pour prêcher la bonne nouvelle à leurs coreligionnaires.

Malheureusement, pas un berger n'a regagné son troupeau.

Les élèves de l'Institut modèle sont descendus vers les villes pour y quémander des places ; ils se sont établis cafetiers, interprètes, guides des étrangers à travers les lieux de plaisir de la Casbah.

« Dans ces conditions la suppression de l'école s'impose. C'est une mesure qui paraîtra malheureuse à beaucoup ; les bons bergers sont, en effet, bien rares. Mais lorsque l'on connaît les Arabes, qui forment la presque totalité des élèves de Moudjebeur, on se résigne à cette conclusion. Jamais un indigène, après avoir appris à parler français, à lire et à écrire, ne restera berger. Il deviendra tout : Kodja, cavalier, garde champêtre, tout, excepté pasteur. »

Qui a formulé cette condamnation?

Ce n'est pas un journaliste algérien, hostile aux « rattachements », c'est le propre directeur de la bergerie de Moudjebeur dans un rapport qu'il a publié en 1889 sur l'Industrie lainière de l'Algérie.

XIX

De ces faits et de leurs corollaires une conclusion se dégage.

S'il est vrai que l'Algérie trouverait dans la transformation de son troupeau un remède à la crise qu'elle traverse, c'est folie de penser que dans cette évolution l'État prendra utilement la place de l'initiative privée.

Ce que l'administration pouvait tenter pour le bien public, elle l'a essayé. Instruit par les faits, par l'échec de ces précédentes expériences, le gouvernement général vient de tenter une œuvre qui, si elle est soutenue, peut sauver la colonie de la faillite. Dans l'opinion que les troupeaux étaient la plus certaine richesse du pays, le gouverneur a voulu établir l'inventaire exact de cette fortune. Il s'est adressé à ceux qui seuls pouvaient mener à bien une pareille enquête, aux généraux commandants de division et aux préfets des trois provinces. Il les a invités à demander à leurs agents et subordonnés, aux commandants de cercles, aux chefs d'annexes, aux officiers des affaires indigènes, de remplir un questionnaire uniforme, et de compléter les renseignements généraux par les observations de l'expérience privée.

L'examen des Hauts Plateaux portait sur deux points principaux : les ressources en eau et les ressources en pâturages. Dans le même temps, les ingénieurs de l'hydraulique agricole entreprenaient des études sur le terrain même, « en vue de l'établissement de projets de *r'dirs* (citernes-abreuvoirs) conçus économiquement et classés par ordre d'urgence.»

A l'heure actuelle, cette formidable enquête, commencée en août 1891, est achevée. Sous ce titre : *Le Pays du mouton*, « conditions de l'existence des troupeaux sur les Hauts Plateaux et dans le sud algérien[1] », le gouverneur général de l'Algérie vient de publier le rapport qui groupe et coordonne tous les renseignements recueillis. C'est proprement la première pierre de l'édifice à construire, la base sur laquelle la prospérité de l'Algérie pourrait être relevée.

1. Alger, chez Giralt.

« Les troubles — dit une note placée en tête du rapport — les troubles qui ont éclaté à diverses reprises, dans le sud, tantôt à l'est, tantôt à l'ouest et au centre, devaient nécessairement avoir pour conséquence d'empêcher l'administration, pendant une longue période de temps, de s'occuper d'une manière spéciale de l'amélioration des conditions d'existence des grands troupeaux qui vivent sur les Hauts Plateaux et sur les versants sahariens. Les efforts du gouvernement algérien étaient d'ailleurs tout naturellement dirigés vers l'œuvre de la colonisation qui absorbait toutes les ressources budgétaires. La question de l'aménagement des eaux sur les Hauts Plateaux n'avait cependant jamais été perdue de vue : d'importants travaux de captage de sources, de creusements de puits artésiens ou autres, en font foi; mais c'est durant ces dernières années que s'est produite l'idée de constituer, d'une manière artificielle, au besoin, des réserves d'eau de pluie, ou autres, comme celles qui se forment en hiver dans certaines dépressions du sol et qui sont désignées dans le pays sous le nom de *r'dir*. Il s'agit, cela va sans dire, de créer des réservoirs-abreuvoirs dans les territoires dont les pâturages, faute d'eau, ne peuvent pas être utilisés par les troupeaux. »

Suivent les rapports particuliers de chacun des

enquêteurs accompagnés des tableaux qui en sont le commentaire.

Ces états, divisés en treize colonnes, donnent pour chaque cercle : le nom des tribus, le nom des fractions de tribus, le nombre des têtes de bétail (moutons et autres), l'indication des lieux d'où ces tribus viennent, des lieux où elles se rendent, l'itinéraire de l'aller et du retour, avec le relevé des principales localités traversées, des points d'eau qui se trouvent le long de la route, la nomenclature des arbustes et des plantes dont se compose le pâture, enfin une colonne pour les observations particulières.

Voilà le travail que l'administration algérienne a entrepris et achevé pour douze millions de moutons, éparpillés sur une surface de quarante millions d'hectares. Elle sait à l'heure qu'il est où établir des points d'eau, quel prix exact lui coûterait chaque citerne, quelle forme il faudrait donner à ces *r'dirs*, pour empêcher d'une part que l'eau ne s'évapore, de l'autre que les moutons ne corrompent la citerne en entrant pour se désaltérer. Enfin, l'administration a demandé des crédits aux pouvoirs publics. Elle a marqué chaque tête de bétail, pesé chaque goutte d'eau, compté chaque brin d'herbe.

Que peut-elle faire de plus ?

X

Elle attend la réponse des colons déjà installés dans le pays, surtout l'initiative des jeunes Français qui se lasseront bien de s'écraser dans des bureaux ou dans des antichambres de ministères.

Éric est un bon modèle de la première catégorie. Il avait commencé par l'engraissement du bœuf de boucherie ; l'expérience lui a prouvé que ces bêtes sans poids, durcies par le travail quotidien, ne pouvaient être sérieusement modifiées par l'étable et par la nourriture. Il ne s'est pas entêté. Il s'est tourné vers le mouton.

Je l'accompagne le vendredi au marché de Maison-Carrée. Il faut partir au point du jour, car la route est longue et les fossés pleins d'eau la rendent par endroits dangereuse. Mais notre cheval garde dans les brancards de la petite charrette des habitudes de bête de selle. Il franchit les obstacles au vol et la voiture suit son bon coup d'épaule.

Sous la pluie, qui parfois nous mouille pendant des heures, Éric est moins trempé, à l'abri de son burnous, que moi, sous un caoutchouc à pèlerine que j'ai pourtant acheté à Tronhdjem, l'automne dernier, et qui a résisté, dans le Telemark, aux averses norvégiennes. C'est ce qui explique apparemment que ces gens aux jambes nues, enveloppées d'une pièce d'étoffe, qui grouillent dans la boue du marché, qui y couchent sous des tentes fragiles, ne soient pas tous emportés par la phtisie et par l'influenza.

Quelques milliers de bêtes de boucherie sont parquées dans un grand carré, clos de grilles ; quelques centaines de colons et de maquignons les gardent.

Nous voilà bien loin des rutilances sous lesquelles l'Orient est immuablement peint dans les tableaux de l'école. Pas une note de couleur qui vibre dans ce décor d'hiver. Le sol, les hommes, se fondent et se confondent dans la même gamme pâle et triste. tous les tons du burnous sale et de la boue délayée. Seuls quelques petits bœufs, plus sombres, tachés de noir aux mufles, aux épaules, aux poitrails et aux jambes, quelques capuchons kabyles brun foncé, rayés de brun clair, quelques vestes de mozabites, soutachées de laines multicolores, une face de Soudanien en sueur, quelques robes de bestiaux où le blanc terne s'échauffe, en dessous, de gris perle et de mauve, permettent d'accrocher l'œil à des détails qui renseignent sur l'orientation de la foule, marquent la direction des remous.

Nous allons, nous autres, du côté des moutons. Les bêtes sont groupées par petits tas de douzaines et de doubles douzaines. Une corde qui passe sous tous les cous, sur toutes les nuques, oblige les animaux à former une sorte de cercle où les museaux se touchent. Les croupes sont tournées vers l'acheteur. On tâte les pis pour voir si les brebis sont pleines. On cherche des bêtes vigoureuses, un peu maigres, et que le boucher a dédaignées pour le débit immédiat. Le prix de ces mères oscille entre douze francs et quinze francs. Dans quelques semaines elles vont mettre bas. A quelques mois l'agneau de lait, bien nourri par elles, vaudra de sept francs à dix francs. C'est le prix moyen qu'Éric aurait payé ses brebis, s'il avait acheté plus tôt, au mois d'octobre, sur les marchés du sud, avant la descente des nomades vers leurs postes d'hivernage.

Prenons donc notre carnet de marché, et là, tout debout, sous la pluie, alignons quelques chiffres.

Ils vont nous réconforter.

Une brebis coûte douze francs (prix moyen). A

trois mois, son agneau se vend huit francs ; à la fin de l'hiver, la mère est grasse pour la boucherie. Mais il a fallu la nourrir. Les calculs de Millot et notre expérience prouvent que le fumier produit par le troupeau paye le fourrage qu'il consomme. Pour les frais qui viennent du gardiennage, la tonte d'avril fournit, et au delà, à l'appointement des bergers.

Dans cette certitude, Éric a renoncé à cultiver les céréales. Il ne s'applique qu'à produire du fourrage pour accroître chaque année les têtes de son troupeau. Faites la part de la cachexie et de la clavelée, des frais de labour et de semailles, aussi larges qu'il vous plaira : il reste acquis (à supposer que vous revendiez sans bénéfice, au printemps, la brebis que vous avez achetée pleine à l'entrée de l'hiver), qu'en huit mois de temps, un capital de douze francs ou quinze francs vous aura rapporté huit francs ou dix francs d'intérêt. C'est plus assurément que ne peuvent produire ailleurs la spéculation combinée avec l'usure.

Et le métier que nous faisons là est un commerce de pères de famille. Il n'oblige point à séjourner sur la ferme au moment où les chaleurs de l'été seraient dangereuses pour des Européens et pour les enfants qu'ils élèvent. Il exige simplement cette vaillance qui se lève matin, qui affronte au besoin le froid de l'hiver et la pluie, qui palpe soi-même la toison et le pis, qui met ses comptes à jour avant le repos du soir.

XXI

Il reste aux jeunes gens qui n'ont pas atteint la trentaine à oser un effort plus lucratif et plus hardi.

Je les suppose élevés dans cette formule nouvelle qui fait sa part à la culture du corps. Ils tiennent à cheval; ils sont sobres; surtout ils résistent et ils veulent être les ouvriers de leur vie. Le régiment vient de leur donner l'endurance. Il leur a enseigné à ne point souffrir de la société des primitifs, des contacts un peu rudes. D'autre part, ayant passivement obéi, ils ont économisé des forces pour l'initiative; ils éprouvent à leurs heures des fringales de liberté. Qu'ils passent donc la mer; qu'ils viennent prendre dans quelque bergerie modèle, à Moudjebeur, chez des colons éleveurs, la place que l'indigène usurpe. Il ne leur faudra pas plus d'une année pour apprendre leur métier de bergers, pour s'acclimater, pour se mettre sur la langue le vocabulaire d'un pasteur nomade, les deux cents mots dont on a besoin pour vendre et pour acheter des brebis. Alors qu'ils montent à cheval ; qu'ils profitent d'une saison favorable, afin d'aller essayer sur les Hauts Plateaux la vie libre.

Je ne leur propose rien que je n'aie supporté à la pire saison de l'année, rien que je n'aie pu endurer pendant la canicule. Je leur jure que mon rêve est demeuré tourné vers cette vie d'espace que j'ai connue trop tard, quand j'étais si fort engagé dans le chemin que je ne pouvais plus revenir sur mes pas. En effet, là où tout est à fonder, l'homme doit précéder la femme et les enfants. C'est dans cet ordre que la famille humaine est apparue sur la terre.

Ceux qui iront là-bas tremper leur jeune énergie dans la pluie et dans le soleil peuvent créer un monde nouveau. Il n'est pas question de faire d'eux des bergers transhumants, de ces silhouettes muettes, enveloppées de voiles, qui, du haut de leurs selles, suivent, d'un bout de l'année à l'autre la ligne mouvante des troupeaux. L'indigène suffit à cette besogne inerte. Mais il faut que de jeunes Français viennent planter leur gourbi, en attendant la maison, auprès de ces points d'eau que l'on va aménager sur les routes de la transhumance.

Le plan du gouvernement général comprend l'établissement (au moyen des innombrables journées de corvée dont disposent les officiers de communes mixtes) de hangars-abris où les troupeaux pourraient trouver refuge, en cas de neige et de tourmente, une halte d'ombre en temps de canicule. Voilà les points qu'il faut surveiller, car ce ne sera pas vainement que « trois cent mille moutons, passant chaque année une seule journée dans un refuge, y déposeront trois cent mille kilogrammes de fumier ». L'Européen qui aura organisé un parc sur ce passage écumera à vil prix les troupeaux de transhumance. Il se constituera deux troupeaux : un de spéculation pour vivre, un autre d'élevage où il mêlera des étalons choisis, où il surveillera la lutte, où il imposera l'hygiène comme une règle. Il suffira qu'il fasse à ces dépôts une fois créés quelques visites annuelles. Il pourra passer utilement le reste de son temps, dans quelque port de la côte, à surveiller les embarquements. Ainsi il supprimera le courtier, qui accapare la plus grosse part des profits. A chaque visite, le colon des Hauts Plateaux trouvera son troupeau amélioré, la station plus florissante, car le passage des troupeaux et l'aménagement de l'eau auront fécondé les alentours des abris. Des végétaux y auront pris place ; les *dayas*, les *r'dirs*, les hangars seront abrités par des rideaux d'arbres. Le mouton aura créé des oasis.

Voilà la Terre Promise que j'ai vue de loin. Je le sais, je n'y entrerai pas ; il me faut rester au pied de la montagne avec ceux qui me tiennent. Du moins, de la main qui me reste libre, je voudrais indiquer cette route à ceux qui peuvent encore disposer d'eux-mêmes.

Entendront-ils la foi dans laquelle je leur crie :

— Là-haut !

XXII

Je rencontre cette objection prévue :

— Si le développement du troupeau de moutons doit être pour l'Algérie aussi profitable que vous le dites, d'où vient qu'on tarde à passer des études aux actes ? Les *dayas* et les *r'dirs* ne sont encore creusés que sur le papier.

Le plus résistant obstacle que l'on trouve devant soi, au moment où les pioches se lèvent, ce n'est pas le granit des Hauts Plateaux, c'est un état d'esprit, particulier aux colons algériens, et qui s'appelle l'« arabophobie ». Il a, comme tous les excès, déterminé une violence contraire, aussi déraisonnable, presque aussi dangereuse : « l'arabophilie ». Celle-ci serait le fait des sénateurs, des personnes parlementaires en tournée de caravane, et, généralement de tous les touristes qui visitent la colonie avec un billet circulaire. Le séjour prolongé d'une villa de Mustapha ne guérirait pas les hiverneurs de cette contagion. L'Algérien affirme qu'elle cède à un seul remède : l'exploitation d'une ferme ou d'une industrie quelconque dans l'intérieur du pays. Mais alors quel changement à vue ! L'ancien arabophile deviendrait un arabophobe plus violent que tous ses voisins : il ne parlerait plus que de la responsabilité collective, il réclamerait les tribunaux d'exception et le rétablissement de la torture. En attendant, on ne souffre pas qu'un simple visiteur, un passant, reste en dehors des partis. On considère sa neutralité comme une hypocrisie.

On dit aux nouveaux venus avec d'impayables moues de mépris :

— Naturellement vous êtes arabophile ?

Il serait vain de s'en défendre; quiconque vient de l'autre côté de la mer est suspect; on voudrait condamner ces débarquants à la quarantaine, dans quelque lazaret, où on leur imposerait le contact d'indigènes choisis. On ne permettrait l'atterrissage qu'aux âmes faibles, qui, du cœur comme des lèvres, reconnaîtraient que les indigènes sont, en bloc, des canailles irréductibles.

Cette monomanie paralyse les efforts de ceux qui

veulent chercher dans la régénération du troupeau la prospérité de la colonie. A l'heure actuelle, presque toute la richesse des montons est aux mains des indigènes. Cela suffit pour qu'une catégorie de colons — la clientèle électorale — s'oppose de toutes ses forces à l'exécution des travaux projetés. Elle ne s'avise pas qu'elle pourrait jouer dans cette révolution le rôle, lucratif entre tous, d'intermédiaires. Elle criaille dans les banquets, dans les petits journaux, dans les réunions préparatoires :

— Avons-nous conquis l'Algérie pour nous ou bien pour ces moricauds?

Elle ne songe point que les Européens, noyés, en Algérie, dans un flot d'indigènes, seraient aussi incapables de produire, si cette ressource de force lui faisait défaut, qu'une machine à vapeur si le charbon et l'eau venaient à lui manquer. Elle oublie que c'est surtout l'argent fourni par les impôts indigènes qui bâtit les villes, soutient les villages de colonisation, paye les routes. Dans sa haine aveugle, elle préférerait la banqueroute à une prospérité où l'indigène aurait sa part.

Un des principaux fonctionnaires de la colonnie me disait à ce sujet, peu de jours après mon arrivée :

— Mon Dieu, si l'Algérie était une île, si c'était la Corse, nous pourrions tenter de donner satisfaction à nos colons. On essayerait de la couler pendant vingt-quatre heures comme un piège à rats, on la renflouerait ensuite. Mais en arrivant sur ce continent, nous ne nous sommes pas trouvés, comme les Anglo-Saxons en Amérique et en Australie, en face de pauvres sauvages que l'on pouvait anéantir par la poudre et par le whisky. Nous avons eu affaire à une race merveilleusement prolifique et forte, soutenue dans sa résistance par une religion qui n'a pas d'athées, par une sobriété qui n'a pas de fissures, surtout appuyée à un formidable réservoir d'invasion ; l'Afrique entière, la sémite et la noire, conquise sur les féticheurs par les agents de l'Islam, ne sera bientôt plus qu'un immense conservatoire de musulmans. Que faire dans ces conditions? Anéantir l'indigène? C'est une sottise d'y songer. Espérer son assimilation par l'instruction, par les mariages? C'est une utopie d'arabophiles. Il faut se contenter de trouver, dans l'intérêt bien entendu des deux parties, un *modus vivendi* entre l'indigène et le colon. Habitez dans la campagne, fréquentez les foires, visitez, si cela vous plaît, les écoles du département, et, je le gage, dans un mois, vous viendrez me dire : « Le marché de Maison-Carrée a plus fait pour l'assimilation que tous les instituteurs et tous les décrets de l'instruction publique. »

Je constate chaque jour combien cette opinion est véritable. Nous sommes cernés par trois groupes importants de gourbis que nulle clôture ne sépare de nous; à gauche, un certain Abd-el-Kader, dont j'ai déjà parlé, à propos des licences qu'ils prenaient avec nos sources. Nos relations avec ce voisin ne sont pas très cordiales. Il ne se contente pas de jeter des pierres dans les puits ; il possède un chameau qui s'évade, de temps en temps, et vient patarasser dans nos orges. Chaque fois c'est une chasse homérique. Le chameau fait des têtes-à-queue, il balance désespérément dans l'air son cou de dindon. Éric s'en empare, et, sans autre forme de procès, il le met en fourrière. Abd-el-Kader rentre en possession de sa bête contre une amende de deux ou trois douros. Cela lui fait mal au cœur de les sortir de la bourse marocaine où ils étaient ensevelis. Tout de même il se résigne. Il dit à son voisin :

— Tu es sévère, mais tu es juste.

Il fait coucher son djemel, il s'assoit sur la bosse. Il salue et il se retire avec dignité; mais tout cela ne met point de cordialité dans nos relations.

Notre voisin de gauche s'appelle El-Hadj, c'est-à-dire le Pèlerin; il a, en effet, visité trois fois les villes saintes. C'est le plus gros bonnet de la circonscription. Il possède trois femmes, des bœufs, deux charrues, quelques chevaux. Il habite une maison de maçonnerie, couverte de tuiles. Nous vivons avec lui sur le pied de la politesse courtoise et des petits services. L'autre jour, il nous a emprunté un fourgon pour conduire ses femmes au pèlerinage. C'est chez lui que les enfants ont mangé un couscous d'après-midi, au lait et à la poule. El-Hadj est charitable; il a recueilli la veuve de son frère et les enfants de son frère. Il est vrai qu'il les avait dépouillés de leur héritage, mais l'artifice était légal et cette petite habileté n'a porté aucun préjudice à la considération dont le Pèlerin est l'objet dans toute la région. Le prophète n'a-t-il point écrit dans son livre :

« Celui qui entrera dans la Mecque en sortira pur comme l'enfant qui vient de naître.

» Une prière dans la Mecque vaut cent mille prières.

» Un jour de jeûne, cent mille jours de jeûne.

» Toute bonne action, cent mille bonnes actions. »

Si El-Hadj est le personnage le plus vénéré du pays, le garçon que je préfère à tous est un certain Brahim-ben-Mohamed, que nous appelons Négro, parce qu'une pinte de sang noir a été versée dans ses veines du fait de quelque grand'mère esclave. Négro tient dans l'exploitation d'Éric l'emploi de *khammès*.

Le khammès est un ouvrier que l'on ne rétribue

pas en argent, mais, après moisson faite, avec le cinquième de la récolte (*khamça* cinq). A la fin de septembre, il élève un gourbi sur la terre de son maître ; il reçoit une avance de trente à quatre-vingts francs qui lui sert à se libérer de ses dettes, à acheter des vivres, des habillements, une femme, etc. Quand le gourbi est installé, le maître fournit à son khammès une paire de bœufs dont celui-ci sera responsable jusqu'à la fin des labours. Le khammès pousse la charrue, sème, sarcle, moissonne, bat, vanne, dresse les meules et les recouvre. A temps perdu, il travaille comme journalier sur la ferme ; ses femmes ou ses enfants traient les vaches, nettoient les écuries, sont employés au sarclage. D'ailleurs le *khanoun*, c'est-à-dire la coutume algérienne, a réglé de toute éternité le détail de ses droits. Suivant le nombre des membres de sa famille, il reçoit, chaque semaine, un ou deux doubles décalitres de grain, un mouton ou une chèvre aux fêtes religieuses, puis quelque menue monnaie pour acheter des gandouras, milafas, chemlas, etc. Tout cela lui est fourni à titre d'avance, remboursable sur la récolte.

Il est infiniment rare qu'un khammès manque à son contrat, qu'il disparaisse au moment de régler ses comptes, c'est-à-dire le jour de la moisson. Éric a fait là-dessus une statistique. Elle prouve que la fidélité moyenne des khammès à leurs engagements est infiniment supérieure à celle des spéculateurs de Bourse. C'est peu dire, et le khammès mérite d'être loué plus positivement. Si on le traite avec équité, suivant ses usages, il s'attache volontiers à une exploitation. Il finit par se croire chez lui. C'est un client, tel que l'a connu et protégé la société romaine.

Le susdit Négro est le type du khammès probe. C'est un fils d'honnêtes gens et son respect pour ses parents est extrême. L'autre jour il nous accompagnait ainsi que son père, à la chasse. Quelqu'un a raconté une de ces histoires de plein air où les femmes ne sont pas trop bien traitées. Aussitôt Négro s'est éloigné de notre groupe.

Comme on rentrait au logis, Éric lui a demandé :

— Pourquoi t'es-tu retiré de nous tout à l'heure ?

Le garçon a répondu sans embarras :

— Parce que mon père était là. Un fils ne doit pas parler des femmes devant son père.

Notez que le père a cinquante ans et que le fils touche à sa trentaine. Concluez-en que nous aurions quelques utiles habitudes de respect à emprunter au gourbi.

Ce Négro s'assimile doucement nos mœurs par l'observation. Il se peut que l'instinct d'imitation soit chez lui plus développé que chez bien d'autres, à cause de son métissage noir ; mais tout de même il

7.

est bien arabe par l'orgueil, la méfiance, l'ombrageuse fierté. Cependant, il n'a épousé qu'une seule femme, comme les roumis. Je l'ai rencontré, l'autre jour, qui remontait chez lui en coup de vent, la figure illuminée. Il venait d'acheter une paire de souliers pour son petit garçon. Il a abandonné son araire sans soc de fer pour la charrue Dombasle. C'est lui qui a été mon maître de labour.

Tout en poussant les bœufs, il ma conté son histoire d'enfance, et, dans la sienne, celle de toute sa race.

Jusqu'à sept ans il a couru le long des routes, il s'est rôti au soleil dans une chemise que sa mère avait tissée. Alors on l'a circoncis. A quinze ans son père l'a présenté au marché. C'est une cérémonie analogue à la prise de toge des jeunes Romains. Bien sûr, il était venu mille fois sur la place avant cette cérémonie pour se battre avec les gamins et avec les ânes ; mais ce jour-là son père l'a présenté officiellement à ses amis. On lui a mesuré la tête et le cou dans un certain sens, on a multiplié ou divisé un chiffre par l'autre, on lui a reconnu le droit de jeûner. Quatre ans après il s'est marié. Sa mère et sa sœur avaient vu pour lui la jeune fille et lui avaient assuré qu'elle était jolie. Le père en demandait quatre cents francs, il l'a eue pour trois cents. Il est heureux avec elle.

Nous causons souvent de son fils. Il désire, et, tout ensemble, il craint de l'envoyer un jour dans une école française.

— Car, vois-tu, dit-il avec une nuance d'embarras, les colons n'aiment pas la justice. Quand nous leur achetons, tout est lourd ; quand nous leur vendons, tout est léger. Ils nous trichent sur le poids, sur les kilogrammes, sur les centimes. Je ne veux pas que mon garçon soit volé !... D'autre part, en fréquentant vos écoles, s'il allait se métourner, comme Auguste...

— Qui ça, Auguste ?

— Le domestique du Docteur.

Et il me conte cette surprenante histoire :

Ces jours derniers, le Docteur avait emmené en partie le gamin de quinze ans qui étrille son cheval. Après la chasse, on a servi de la soupe aux choux avec du lard. Le malheureux Auguste, que le plein air avait mis en appétit, a planté sa fourchette dans cette nourriture défendue. Il comptait sans l'Arabe qui servait les chasseurs. La nuit suivante, ce bon musulman s'est mis en route. Il a fait vingt kilomètres à pied pour venir dire dans le café maure :

— Vous savez, Auguste... le domestique du Docteur... il mange du cochon !...

J'admirais le zèle de ce piéton et je m'informai en

souriant des conséquences de sa dénonciation publique.

Mais Négro ne plaisantait pas :

— A présent, continua-t-il, Auguste n'est pas fier; car si jamais le Docteur le renvoie, s'il se trouve sans pain, personne ne voudra plus l'assister. On lui dira : « Va, mangeur de cochon ; va-t'en manger du cochon avec les Français ! »

C'est-à-dire qu'Auguste est mis en interdit pour une cuillerée de soupe aux choux. Décidément, les Arabes n'ont pas fait de progrès depuis le temps où ils disaient au général Daumas :

— Pourquoi nous vous méprisons, vous autres, roumis? Parce que vous riez même pour dire bonjour, parce que vous êtes les complaisants de vos femmes, parce que vous mangez du cochon et parce que vous embrassez vos chiens...

En d'autres termes :

Nous sommes légers et nous nous compromettons avec des animaux impurs.

XXIII

De bons esprits ont estimé que l'instruction pourrait seule triompher de ces préjugés. Ils ont décidé de la donner aux Arabes, de gré ou de force. On n'a encore essayé que le « gré »; mais, comme le tour de la force pourrait bien venir, un jour prochain, il est intéressant d'étudier, avant l'abandon du premier système, les résultats qu'il a produits.

Le 13 février 1883, des universitaires singulièrement compétents dans les questions scolaires, ont présenté à la signature du président de la République un décret qui inaugurait en Algérie un code d'instruction publique tout nouveau. Ce règlement ne se présente pas comme un travail de cabinet. On est venu se renseigner en Algérie même. On a puisé aux sources officielles d'information. Même les rédacteurs du projet ont voyagé par le pays ; ils ont tenté des enquêtes individuelles. Cela se sent dès la première ligne du projet. On ne croit plus que les bienfaits moraux de l'instruction suffiront à conquérir les indigènes ; on les tente par l'appât d'une somme d'argent. « Il est établi une prime pour la connaissance de la langue française. Cette prime sera de trois cents francs. » Et tout le projet est conçu dans cet esprit de générosité séduisante. Les élèves indigènes qui suivront les écoles publiques recevront « des primes de fréquentation, des encouragements, sous la forme de dons en nature, aliments, vêtements, chaussures, livres, fournitures scolaires ». Le ministre met au concours « un ou plusieurs livres scolaires spécialement destinés à l'instruction élémentaire des indigènes ». Il veut créer des cours d'arabe et de berbère à l'usage des instituteurs et des institutrices français. Il établit dans chacun des départements de l'Algérie « des cours normaux destinés à préparer les indigènes aux fonctions de l'enseignement ». Il déclare que « la dépense résultant de l'établissement et de l'entretien de ces cours sera supportée non par la colonie, mais par le budget de l'instruction publique ».

Il va sans dire que la prime de trois cents francs n'est pas délivrée aux « Ouled-Plaça » qui ont appris le français en portant des couffins, en criant des journaux le long des voies ferrées, en courant après les voitures pour demander un sou, et en cirant les bottines sous les arcades du boulevard de la République. On exige la connaissance de la lecture et de l'écriture françaises, de la lecture et de l'écriture arabes ou berbères, un peu de calcul et des notions « très sommaires sur la géographie et l'histoire de la France et de l'Algérie ». Tout cela paraît être parfaitement raisonnable, voire diplomatique. Ceci est à honneur de cette loyauté de la France qui semblerait faite pour subjuguer un peuple jadis épris de générosité chevaleresque :

« Dans toute école publique, la liberté de conscience des enfants indigènes est formellement garantie. Ils ne peuvent être astreints à aucune pratique incompatible avec leur religion. » (Art. 35.)

Telles sont les dispositions générales du décret : il y en a de relatives aux communes de plein exercice, aux communes mixtes et aux communes indigènes [1]. Pour les deux premières catégories, on

---

1. Les communes de « plein exercice » sont dirigées comme en France par un maire élu. Les communes « mixtes » sont gouvernées par un administrateur nommé par le gouvernement général. Les « communes indigènes » ou « territoires de commandement » sont encore placées sous le régime de l'autorité militaire.

veut que les « enfants indigènes soient reçus dans les écoles publiques aux mêmes conditions que les Européens ». Quand il y aura vingt-cinq jeunes Arabes ou Berbères dans une classe élémentaire, on leur donnera, à côté de l'instituteur français un adjoint indigène. On créera, pour les enfants indigènes des deux sexes de quatre ans à huit ans, des écoles enfantines dirigées par des institutrices munies du diplôme de salle d'asile. « Elles pourront (je gagerais que cette petite surcharge aura été ajouté au texte par quelque fonctionnaire de l'instruction publique, qui n'a pas beaucoup fréquenté le monde musulman), elles pourront être assistées par des *monitrices indigènes.* »

Pour les écoles à fonder dans les communes indigènes, sur la proposition du général commandant la division, avec l'avis du conseil départemental et l'agrément du gouverneur général, elles seront de deux sortes. On confiera celles des centres de population peu importants à un moniteur ou adjoint indigène. Les écoles principales seront gouvernées par un directeur qui devra être pourvu du brevet de capacité et de la prime de langue arabe, qui aura résidé au moins deux ans en Algérie, pour s'acclimater, qui prendra l'engagement d'exercer pendant cinq ans au moins dans une commune indigène ; enfin qui sera marié, afin d'éviter la défaveur dont les célibataires sont l'objet dans la société coranique, et l'inquiétude qu'ils y causent.

En échange de ces conditions, de réels avantages sont offerts à l'instituteur européen. Il débute avec trois mille francs de traitement, on lui promet une augmentation annuelle de cent francs, d'autres privilèges ; il sera pourvu d'un jardin et d'un champ, il aura droit aux prestations en nature, que l'autorité militaire locale déterminera pour assurer ses approvisionnements. Tous les deux ans, à l'époque des vacances, on le transportera gratuitement lui et sa famille jusqu'en France ; il jouira du parcours à demi-tarif sur tous les chemins de fer français. Chaque fois qu'un de ses élèves ouvrira, sous sa surveillance, une école préparatoire, il recevra un supplément de deux cents francs par an. Sa mère, sa femme, sa fille ou sa sœur peuvent créer à côté de lui une classe-asile. De ce chef, elles toucheront une allocation de cinq cents à huit cents francs. Si ces personnes sont brevetées, le traitement sera élevé à mille cinq cents francs, avec des augmentations annuelles de cent francs. C'est-à-dire que, si les choses tournent à souhait, un instituteur, marié à une femme de son milieu, touchera plus de cinq mille francs de traitement, sans compter les avantages matériels susdits et les quelques centaines de francs qu'il peut tirer de succursales fondées par ses élèves.

Deux ans plus tard, le 1ᵉʳ février 1885, ce décret est suivi d'une mesure encore plus libérale qui le complète. On décide dans les communes mixtes et même dans les communes de plein exercice l'établissement d'écoles principales ou préparatoires créées sur le modèle des écoles indigènes. La République, on le voit, ne ménage pas son argent pour conquérir l'indigène par l'école.

Comment ses avances sont-elles accueillies ?

Je laisse la parole à une personne du métier, M. Gustave Benoist, inspecteur d'académie en résidence à Constantine. J'ai lu avec profit le petit livre publié trois ans après la promulgation du décret, en 1886, sous ce titre : *De l'instruction et de l'éducation des indigènes*. M. Gustave Benoist est un homme excellent. Il apparaît comme le type de cet inspecteur d'académie, profondément civil (je donne au mot ses deux sens également précieux), qui, nourri de belles sentences et d'idées généreuses, garde, jusque sous les cheveux blancs, un peu de la grâce de l'enfance, un peu de l'optimisme des jeunes gens qu'il a régentés. Comment résister à cette bonté charmante, qui, dans la préface du mémoire, se voile de mélancolie, parce que M. Benoist a constaté que les indigènes ne prenaient aucune part de cœur à nos fêtes nationales :

« Nous l'avons constaté avec tristesse : au 14 juillet

dernier, les Arabes de Constantine ont montré par une indifférence d'autant plus probante qu'elle n'est pas affectée, qu'il n'y a rien de commun entre eux et nous. Ils viennent en foule assister à la revue. Le soir ils regardent les illuminations, le feu d'artifice ; mais ils travaillent tout le jour, comme d'habitude, boutiques ouvertes. Dans leurs quartiers on n'entend pas un cri, pas un chant. On ne voit pas un drapeau. Les mosquées seules ont leur minaret illuminé, peut-être par ordre, peut-être par précaution. Les musulmans font ainsi la part du feu. Ils achètent le droit de n'assister à la fête que de loin, spectateurs muets, indifférents en apparence, mais sentant gronder au fond de leurs cœurs des sentiments de rancune et de haine implacables. »

Comment ne pas envier cet optimisme qui, après avoir constaté que « nous en sommes là après cinquante ans de possession », s'écrie vingt lignes plus bas :

« Dans dix ans, plus de cinquante mille garçons indigènes musulmans fréquenteront nos écoles françaises. »

Il n'y a que la conscience du devoir quotidiennement accompli pour donner de ces vaillances d'espoir. Acceptons donc ce guide qui a pour lui l'enthousiasme et voyons ce que la probé expérience de M. Benoist lui a révélée.

Je viens de battre avec lui toute la province de Constantine. Même nous avons été plus loin. Bien que « son inexpérience complète de la cavalerie » inquiète l'honorable inspecteur d'académie, bien qu'on lui ait fourni — est-ce par malice? les militaires sont capables de tout — une mule « qui, nullement dressée, ne sachant ni l'amble ni le pas, trotte sans cesse » et lui ménage « une rude tournée d'inspection telle que ses collègues de France n'en connaissent guère », nous avons poussé jusqu'à Tougourt. Eh bien, je l'avoue d'avance, les résultats de cette promenade qui laissent à M. l'inspecteur général sa belle humeur et la vivacité de ses espérances me semblent à moi tout à faits décourageants. Ce n'est point là une affaire de tempérament, mais de statistique.

Les faits parlent.

D'abord dans quel état de flagrante ignorance le décret de 1883 a-t-il surpris les indigènes?

On ne peut pas dire que Mahomet soit responsable de leur dégénérescence intellectuelle. Il dit textuellement dans le *Coran :*

« Enseignez la science, car l'enseigner, c'est glorifier Dieu. La dispute sur la science est une dispute sacrée. Par la science on distingue ce qui est injuste; elle est la lumière sur le chemin du Paradis, une confidente dans le désert, une compagne dans la solitude, un guide fidèle dans le bonheur comme dans le malheur. Les anges désirent son amitié ; tout ce qui existe sur la terre brigue sa faveur ; elle est le remède des cœurs contre la mort et l'ignorance, le luminaire des yeux dans la nuit de l'injustice. »

Il n'est pas possible de parler du savoir avec plus d'élévation. Une telle leçon manque dans l'Évangile. Les musulmans l'ont reçue ; nombre d'entre eux continuent de réciter ces paroles du bout des lèvres. Mais voici des siècles qu'ils ne cherchent plus à en comprendre le sens. Cela tient à la façon dont l'instruction est donnée.

Il n'y a pas de touriste d'hiver qui, dans une visite de la casbah d'Alger, n'ait été arrêté, chemin faisant, par un bruit de nasillements, rythmés comme un office de ténèbres. On va du côté des voix, jusqu'au fond de quelque impasse. On franchit un seuil décoré de carreaux peints qui s'effritent ; on pousse une porte, et, tout d'abord, un tas de petites sandales apparaît au bord du pavé, puis quelque personnage à turban et à lunettes, généralement grisonnant, d'aspect rébarbatif, assis en tailleur. Il tient à la main une longue gaule. Avec cet aiguillon il touche où frappe les enfants, empilés devant lui, par brochettes, en succession de gradins, installés, dans la hauteur médiocre de la chambre, comme des bâtons de poulailler : c'est l'école arabe. Voyagez, partout en pays musulman vous retrouverez ces enfants nasillards, ce vieillard à baguette, qui semble quelque boucher protégeant un étal contre l'impudence des mouches. Les écoliers de Tanger vous apparaîtront pareils à leurs camarades d'Alger ou de Constantine. Seulement, au Maroc, le vieillard est encore plus agressif et les petites chechias de soies voyantes, bleues de ciel, saumonées, roses, vert pâle, font ressembler plus exactement ces enfants empilés à des oiseaux des îles sur un perchoir.

Il n'y a pas que le décor qui ne varie point ; d'un bout à l'autre du monde islamique, l'enseignement est identique. On apprend le Coran, et puis le Coran, et encore le Coran. Encore si ce vieillard à lunettes, ce taleb, enseignait vraiment à ses élèves la lecture et l'écriture arabes, s'il accompagnait sa psalmodie de quelque commentaire historique, grammatical ou moral? Mais non. Il ne se charge que d'enseigner la lettre aux enfants de ville ou de village que des parents religieux lui envoient. A ce métier d'éducateur de perruches, il gagne deux douros (dix francs) par tête d'enfant et par an. Quand un sujet, doué de plus de mémoire ou de plus de bonne volonté que ses camarades, se met sur la langue une nouvelle partie du livre sacré, le père de ce jeune prodige est tenu de donner une gratification au taleb, des beignets et des dattes aux enfants de l'école. Il vendrait son burnous plutôt que de ne pas satisfaire à cette obligation. Si, d'aventure, l'écolier se loge dans la cervelle la moitié du Coran, on donne une fête à la famille ; enfin, si, par miracle, l'enfant apprend tout le Coran par cœur, le père est tenu d'égorger des moutons et d'offrir un grand couscous au taleb, ainsi qu'à toutes les personnes de sa connaissance.

Et ensuite ?

Ensuite rien. Le Coran est le commencement et la fin de tout. La lettre du livre suffit à éclairer celui qui l'a apprise. En souvenir de cet effort, digne de l'admiration de toutes les personnes religieuses, l'écolier reçoit « un certificat d'études coraniques ». C'est une planchette épaisse d'un doigt, vernie en blanc des deux côtés. Sur une des faces il y a un dessin en noir, qui, au premier abord, ressemble assez aux figures fantasmagoriques que nous fabriquions au collège en couvrant d'encre une feuille de papier blanc, que l'on pliait en deux, toute fraîche tachée, pour obtenir de la symétrie dans les éclaboussures. Mais, en y regardant de plus près, on voit que ce large pâté emprisonne des triangles et des cercles maçonniques surchargés d'inscriptions, qui disent :

« Au nom d'Allah clément et miséricordieux, que Dieu répande ses grâces sur notre seigneur Mohammed. »

Elles indiquent deux dates religieuses : la fête de la rupture du jeûne *(Id el Fithr)* et la fête des sacrifices *(Id En Meher)*.

Elles rappellent au jeune croyant les noms vénérés d'Abou-Bekr, Omar-Othman et Ali.

Enfin elles affirment qu' « *un secours viendra de Dieu et que la victoire est proche* ».

C'est ainsi que les choses se passent dans les villes. Faut-il dire qu'un très petit nombre d'enfants obtiennent le *khelma* (certificat coranique)? La foule ne met même point les pieds dans ces catéchismes-écoles. Quant aux gens des campagnes, aux bergers des Hauts Plateaux, aux nomades, aux montagnards, ils ne savent ni lire, ni écrire, ni le Coran, ni l'âge de leur père, ni leur âge propre, ni le jour, ni le mois, ni l'année, ni rien. Ils connaissent la saison des pluies et la saison des chaleurs. Pour le reste ils s'adressent aux descendants des marabouts qui sont censés avoir étudié le Coran, qui à l'occasion citeront un verset, et qui, d'ordinaire, se fient plus à la bonne renommée de leurs aïeux et à la docilité de leurs clients qu'à l'exactitude de leur mémoire.

XXIV

Suivons, d'autre part, dans la vie, ce jeune Pic de la Mirandole qui, un jour, s'est imprimé le Coran tout entier dans la mémoire. Il y a des chances pour que, après avoir donné dès ses jeunes ans un si grand exemple de sagesse, il aspire à la sainteté maraboutique, ainsi qu'aux avantages qui en découlent. Au moins il voudra se faire « taleb », et il continuera pendant quelques années encore à fréquenter les « zaouïas ».

Il n'est pas très facile de faire exactement comprendre à des Européens ce qu'est une « zaouïa », parce que ce genre d'établissements n'a pas d'équivalent en Europe [1]. C'est tout d'abord une *chapelle*

1. Neveu, *les Khouan*.

bâtie par quelque famille riche, pour y faire inhumer les siens. Les amis, les alliés, les serviteurs des croyants enterrés dans la zaouïa, prennent ce lieu de sépulture pour un but de fréquents pèlerinages. Mais cette chapelle n'est point fermée, elle s'ouvre au contraire pour tous les croyants; de ce chef elle sert de *mosquée*, de paroisse, aux tribus du voisinage. Elles y trouvent encore une école où l'on enseigne « toutes les sciences ». C'est à savoir : « la lecture, l'écriture, l'arithmétique, la géographie, l'histoire, la philosophie, l'alchimie et la magie ». Les enfants pendant toute l'année, les étudiants *(taleb)* pendant certaines saisons, les savants *(ulema)* à des époques fixes, se réunissent dans les zaouïas, les uns pour apprendre ce qu'ils ignorent, les autres pour tenir des conseils, discuter certaines questions de droit, d'histoire ou de théologie. Comme la cathédrale du moyen âge, la zaouïa est encore un *lieu d'asile* et un *hôpital*. Les gens persécutés, hors la loi, les pèlerins, les malades, les incurables y trouvent un refuge, un toit, des secours charitables. Enfin la zaouïa avec sa bibliothèque est un *office de publicité*, un *bureau d'esprit*, on y écrit l'histoire du temps présent, on y conserve la tradition écrite des faits passés.

Il faut de l'argent pour soutenir ces caravansérails de prière et de propagande fanatique. Les zaouïas en regorgent : ce sont des dotations et des aumônes. Parfois c'est un des membres fondateurs de la zaouïa qui la dirige. Il prend alors le titre de cheik. Parfois c'est un étranger qui l'administre. On l'appelle alors *mokaddem* (gardien) ou bien *oukil* (fondé de pouvoir).

« On peut affirmer, dit M. Neveu dans les *Khouan*, que l'Algérie est à peu près divisée en circonscriptions de zaouïas comme chez nous le pays est divisé en circonscriptions religieuses : paroisses, évêchés et archevêchés ; et comme la zaouïa est également une école, le ressort de cet établissement correspond aussi à un ressort académique. Sous ce double rapport les zaouïas méritent une surveillance et une attention toutes particulières. »

M. Benoist, malgré sa bienveillance, a constaté que le respect de la France reste un peu à la porte des citadelles du fanatisme. Tandis qu'il était à Tougourt, il a poussé un peu plus loin, jusqu'à la plus importante zaouïa du sud-est, la confrérie des Tydjiani de Temacin. Certes, on a envoyé au devant de lui une mule ornée de « pompons verts » ; le frère du marabout lui a fait, sous le porche, un « accueil cordial » ; on lui a offert « un repas long, bien servi, sans bruit, sans un mot, par deux nègres admirablement stylés ». Mais le marabout lui-même ne s'est montré qu'un instant, juste assez pour donner à M. l'inspecteur le spectacle de la dévotion avec laquelle les hommes même de l'escorte académique baisaient les drapeaux rapportés de la Mecque ; puis le saint homme a pris congé « en prétextant une maladie, en exprimant ses souhaits pour la France, pour le succès de notre œuvre d'instruction ». Tandis que le marabout parlait, M. Benoist le dévorait du regard. Il remarquait que le personnage a « l'œil vif, intelligent, le sourire bon et fin », pourtant il a eu le sentiment pénible « qu'il n'y a pas à faire la moindre tentative à Temacin, au moins du vivant du marabout actuel ».

Oh ! ce sourire d'oriental perdu dans la barbe grise, ce sourire dont M. l'inspecteur d'académie, aveuglé par sa propre bonté, n'a pas aperçu l'insondable ironie ! C'est avec ce sourire-là que la zaouïa de Temacin a donné pour ambassadeur au colonel Flatters un cuisinier ivrogne qu'on faisait passer pour un Moquaddem. Les Touaregs devaient tout d'abord poser les armes à la vue de ce saint personnage. L'échec de la première mission prouva que l'on nous avait cruellement bafoués. Cependant Temacin a été si peu inquiétée pour cette félonie qu'elle se vante de n'avoir jamais été si florissante que sous notre protectorat. « Jamais, a dit le frère du marabout à l'excellent M. Benoist, nous n'aurions osé élever ces importantes constructions avant l'arrivée des Français. Il fallait alors se faire petit, pauvre. C'étaient des luttes, des guerres continuelles, des massacres sans fin avec les gens de Tougourt qui n'appartiennent pas à la même secte. Aujourd'hui, c'est la paix profonde. »

L'enseignement de la langue française, tel qu'il a été réglé en février 1883, peut-il faire contrepoids à ces influences? Verra-t-on « l'éducation nationale s'emparer » — le mot est du conventionnel Grégoire — des générations musulmanes?

Au travers des illusions professionnelles de M. l'inspecteur Benoist on touche l'échec du décret scolaire.

Je ne raconterai pas les bouffonnes histoires d'écoles roulantes qui suivaient les tribus et qui les mettaient en fuite, comme l'apparition d'une panthère fait courir un troupeau de moutons. Nous sommes ici au pays de midi et demi. Il faut parler seulement de ce qu'on a touché.

Le point important du décret, c'est l'organisation des écoles campagnardes. L'Arabe des villes s'instruira assez pour apprendre les quelques mots qui lui permettront de vivre par les pourboires et par la mendicité. A supposer qu'il ait fréquenté une école, qu'il sache lire et écrire, il tirera de son petit savoir un si bon profit que l'idée ne lui viendra jamais de retourner dans l'intérieur pour vanter aux campagnards ou aux nomades les bienfaits de l'instruction.

Il est devenu trop paresseux pour affronter les rudes besognes de la terre ; trop douillet pour supporter les hivers dans le gourbi, la fatigue des routes que l'on fait à pied, avec une poule sous le bras, ou sur la croupe d'un âne, entre deux couffins de charbon. Il sait d'ailleurs que ses coreligionnaires le tiennent désormais pour suspect.

— Écoute ! me disait l'autre jour Négro, quand tu verras un Arabe qui parle français et qui porte les moustaches... tiens... comme cela... roulées... relevées des bouts... c'est un voleur.

Tous les Arabes qui donnent franchement leur avis partagent cette opinion. Ici, comme partout, la demi-civilisation enlève à celui qui la subit ses qualités naturelles, sa morale d'instinct ; elle ne met rien à la place de ce qu'elle a détruit. Il y a cette expérience au fond de la méfiance où les indigènes tiennent la connaissance du français. Il y a d'autres inquiétudes que M. Benoist a clairement distinguées.

« Une école avait été ouverte dans une section de commune habitée par des Arabes, disséminés pour la plupart dans des gourbis autour et à quelque distance des fermes françaises. Un instituteur français avait été envoyé. Ne parlant pas l'arabe, manquant un peu d'initiative, bien que soutenu, aidé par l'administration, il ne réussissait pas à attirer un seul élève. Il se désespérait. J'y allai moi-même avec mon chaouch pour interprète. On sut bientôt que j'étais là. Le matin, le garde champêtre avait été dans les gourbis inviter encore une fois les parents à envoyer les enfants à l'école. Deux d'entre eux s'étaient emportés, avaient été arrogants et, pour cette attitude de révolte, ils avaient été frappés d'une amende et enfermés à la geôle. Tout le village était encore en émoi. Je fus bientôt, sur la porte de l'école, entouré d'Arabes gesticulant et parlant tous à la fois. Je leur fis signe de la main de se taire, et, montrant le plus vieux, je lui dis :

» — Parle pour tous, toi, j'écoute.

» Et il parla. Et j'écoutai attentivement.

» Le vieillard dit en abrégé :

« — Vous êtes les maîtres. Si vous ordonnez que nous envoyions nos enfants dans votre école, nous les enverrons. Nous ne demandons qu'une chose : c'est qu'il n'y ait pas d'exception, pas d'injustice, que la même règle s'applique à tous. Aujourd'hui, on nous demande nos enfants; demain, on nous demandera de l'argent. On nous fera payer, et nous sommes pauvres. Quand nos enfants auront été élevés par vous, quand ils sauront votre langue, on nous les prendra. On les enverra bien loin pour en faire des soldats et nous ne les reverrons plus. Enfin, nous tenons à la religion de nos pères et nous voulons que nos enfants la conservent.

» Quand mon interprète m'eut traduit ces paroles qui exprimaient bien la pensée de tout l'auditoire, dont je ne cessais d'observer les gestes, les visages, les yeux, je répondis en faisant traduire au fur et à mesure mes paroles :

» — Nous, Français, nous voulons votre bien. C'est dans votre intérêt, dans l'intérêt de vos enfants que nous cherchons à les instruire. Nous les traitons comme nos propres enfants. Nous, nous pratiquons la justice. Chez nous, la loi est la même pour tous ; si des dispenses sont accordées, c'est aux enfants pauvres, qui ont besoin d'apprendre un état, d'aider leurs parents aux travaux des champs. Ceux qui enverront leurs enfants à l'école ne payeront ni aujourd'hui, ni demain, ni jamais. Je vous le promets, vous pouvez avoir confiance en ma parole. Nous leur fournirons même pour rien des livres et des cahiers. Nous leur donnerons des récompenses agréables et utiles. Jamais on ne prendra de force vos enfants pour en faire des soldats. Ceux qui, entraînés par leur bravoure naturelle, s'engagent et combattent à côté de nous, le font volontairement; ils en sont récompensés. La religion musulmane, personne ne la menace. Nous respectons votre religion. Nous, Français, vous le savez bien, nous respectons toutes les religions, et il n'est jamais, vous entendez bien, *jamais*, question des choses religieuses dans nos écoles. Chez nous, l'école et le temple sont séparés. Enfin, — dis-je en appuyant sur la question d'intérêt, — vous êtes trop âgés, vous, pour apprendre une langue nouvelle. Et cependant, vous qui avez forcément tant de rapports avec nous, pour vos travaux, vos marchés, vos procès, vous devez avoir recours à des interprètes plus ou moins fidèles que vous devez payer cher ! Vous ne savez pas écrire : le moindre billet, le plus petit écrit à rédiger en arabe ou en français, il vous faut le payer et très cher ! Eh bien, il ne faut pas que vos enfants soient comme vous : il faut qu'ils sachent lire, écrire en arabe et en français, qu'ils sachent compter. Ils seront plus tard plus heureux que vous, et, en attendant, ils vous rendront à vous-mêmes les plus grands services. »

N'est-ce pas que c'est une petite scène digne du *Conciones?* Je l'ai citée tout entière, parce qu'elle nous sort des décrets, des résolutions de bureau, parce qu'elle met directement aux prises le Génie de l'Instruction Publique avec le manant en burnous : l'un et l'autre, comme dans un beau récit de Tite-Live, ils récitent le *Credo* des espoirs ou des inquiétudes de leurs races. Comment ne pas entrer dans l'angoisse de ces campagnards à face brune qui se croient menacés dans ce qu'ils ont de plus cher, leurs foyers et leurs autels ? Comment ne point ressentir quelque fierté à la pensée que ces nobles paroles de charité, de générosité, de tolérance, qui sortent si facilement dela bouche de M. l'inspecteur, sont vraiment le bel idéal chimérique vers lequel la France marche? Il semble que M. Benoist ait éprouvé comme nous cette heureuse griserie. Il y en a comme un relent dans les paroles qui achèvent son récit :

« Je parlais avec conviction, avec énergie. Je voyais bien que j'étais compris. Presque tous les Arabes, quand j'eus fini, mirent la main droite sur leur cœur, quelques-uns vinrent me prendre la mienne. Ils entrèrent à l'école, derrière moi, avec leurs enfants. Comme faveur, j'obtins la mise en liberté des deux révoltés. »

Le beau château de cartes, et comme M. Benoist dut s'endormir ce soir-là avec d'heureux songes dans la satisfaction du devoir accompli! L'Algérie lui apparut sous les traits d'une belle Mauresque vêtue de haïks blancs; d'une main elle congédiait l'armée, symbolisée par une forte femme qui portait un glaive sur un manteau rouge; de l'autre, elle appelait à soi une figure au visage modeste, élevant dans sa main une branche de laurier.

Pourquoi faut-il qu'on se réveille d'un si beau rêve? Pourquoi faut-il récolter, dans un champ d'espérances si vivaces, cette conclusion mélancolique:

« Pendant quelque temps, l'école fut assez bien fréquentée; jusqu'à ce que les pères de famille eussent appris que la loi ne les obligeait pas à envoyer leurs enfants à l'école française. Alors, ils les retirèrent. La classe devint déserte, et tous nos efforts furent perdus [1]. »

1. G. Benoist, *De l'instruction et de l'éducation des indigènes.*

XXV

L'enquête de M. Benoist date de 1889 et l'on pourrait dire : « Vous avez beau jeu à railler des mesures qui n'avaient pas eu le temps de s'acclimater. »

Ce reproche est de ceux qui doivent toucher un honnête homme. Voyons donc ce que le décret de 1883 a produit après douze ans d'exercices. Je n'irai pas demander à M. le Recteur, qui dirige avec tant de distinction l'Académie d'Alger, de me faire conduire par un inspecteur dans une école de la province. On me montrerait quelque laboratoire où des sujets de choix sont fabriqués à titre d'expérience, comme un produit de cornue scientifique. C'est la denrée commerciale que je veux manier, la bête à l'étable, celle que l'on n'a pas lustrée, engraissée, enrubannée pour le marché.

A cet effet, j'ai demandé ce matin aux Arabes de la ferme :

— Connaissez-vous une école dans le voisinage?
— Une école?

Deux m'ont regardé sans comprendre. Le mot « école » ne fait pas partie de leur vocabulaire. Négro, qui est plus renseigné, a répondu d'un air capable :

— Le collège?
— Si tu veux.
— Mais il y a le collège de Sidi-Aïssa, dans la montagne.

C'est une merveilleuse promenade de cavalier, un jour de beau temps. Je la recommande à des touristes qui voudraient pousser une pointe dans la campagne. On vient coucher au Fondouk. Le lendemain, de bonne heure, on fait seller des chevaux ou des mules. On emporte son déjeuner dans les fontes. On peut, même en hiver, regagner la couchée avant la chute du soleil.

Sidi-Aïssa est logé un peu au-dessous des sommets du Bou-Zegza, par sept ou huit cents mètres d'altitude. Après une longue montée en lacet qui domine des gorges dont les pentes sont cultivées par les indigènes, dans des inclinaisons de quarante-cinq degrés au-dessus du ravin, tout d'un coup, on découvre la mer. Alger se lève à gauche, puis Fort-de-l'Eau, le cap Matifou, Aïn-Taya, Surcouf et, dans la plaine pâle, entre des rangées d'eucalyptus, les cubes blancs de Rouïba et d'Hamédi.

En janvier, la montagne, défrichée, avec ses rocs encore luisants des pluies de la veille, prend tous les tons du bronze, depuis l'or bruni, cher aux fabricants de zincs d'art, jusqu'aux rares patines qui, du vert à l'orange, font songer à des fruits murs, émeuvent la sensualité de la bouche. Des oliviers sauvages tremblent en bas, se penchent sur le torrent; la brousse se hausse à des hauteurs de taillis; des petits bois de pins et des bruyères rappellent nos falaises d'Europe. Le colon les remarque et les aime comme un souvenir du pays.

Un jardin apparaît qui, pour les yeux déshabitués des verdures d'outre-mer, de la variété infinie de leurs couleurs et de leurs formes, est un frais enchantement. Une merveilleuse abondance de sources ruisselle en cascades, fuse de toutes parts, et ces bosquets sont pleins d'oiseaux invisibles qui se sentent protégés deux fois, par l'opulence des feuillages et par la sainteté du marabout. Un rez-de-chaussée de pierres, avec un toit de tuiles, se montre un peu en contre-bas de ces eaux naturelles. C'est le collège de Sidi-Aïssa, dont nous a parlé Négro.

Éric et moi, nous avons eu le même cri en l'apercevant :

— Mais ce n'est pas une école qu'on a pu loger là, c'est un aquarium !

Non, une tombe, un de ces *in pace* où le fanatisme a jadis muré ses ennemis. Quand on pousse cette porte vitrée dont presque tous les carreaux manquent, une telle douche d'humidité et de moisissure vous tombe entre les épaules, que l'on recule avec un frisson de dégoût.

Bien que le temps soit radieux, l'école est déserte. Nous la parcourons librement : pas une porte n'a une clef, pas une serrure de gâche. Partout le pavé est soulevé en dos d'âne, les murs pleurent à grosses gouttes, ici et là le plafond est crevassé, des taches sur le sol, des éclaboussures sur les bancs indiquent que la pluie le traverse pendant tout l'hiver comme une écumoire. La moisissure est si épaisse sur les murailles qu'on y peut écrire avec le doigt.

Je vais à un tableau mural. C'est le règlement du « collège » indigène. On y lit :

Emploi du temps des écoles à deux sections. « Lundi et mardi : entrée en classe en chantant. Mercredi et vendredi : inspection de propreté. Samedi : mise en rang. Écriture. Exemples de langue. Conversations dialoguées, calcul oral ou écrit. Dessin des objets nommés, etc., etc. » Quelques livres sont épars sur les tables. Je les feuillette. Ce sont les *Lectures enfantines* de Picard et Lebourgeois, la *Méthode* de Neel, son *Encyclopédie enfantine*, la méthode de lecture et d'écriture à l'usage des écoles arabes françaises par Scheer et Mailhes.

Un de ces messieurs, tous les deux peut-être, ont visité cette école. Je retrouve leurs signatures d'inspecteurs au bas de la belle chemise du dossier administratif où le maître doit inscrire les présences et les absences. Il y a quelques années que MM. les inspecteurs n'ont passé par ici. Je les comprends. La misère de l'école de Sidi-Aïssa découragerait M. Benoist lui-même. Les quelques cahiers qui errent sur les tables datent du temps préhistorique où l'instruction publique avait foi dans son décret, de l'âge où elle faisait encore des distributions d'argent et de souliers. Voici pourtant de l'encre plus fraîche, un pauvre petit cahier proprement tenu, avec des règles de trois, nettement chiffrées. Au bas du dernier problème l'instituteur a écrit :

— L'élève peut être certain qu'il fera des progrès s'il continue de prêter ainsi toute son attention aux leçons du maître.

Je ne puis vous dire comme elle m'a touché, cette phrase d'encouragement qui tombait à propos dans nos mains, ainsi qu'un document jeté, par des naufragés, à la mer, pour dire la survie et le persistant espoir.

Nous pénétrons dans la seconde salle. C'est là que le maître vit. Dans un coin, une paillasse est jetée sur une marche de bois. La moisissure a envahi ce sol de couchette comme tout le reste. Sur une table, des cahiers sont épars. J'en ouvre un. C'est le carnet où chaque jour le maître doit noter sa préparation de classe. Il a donc obéi au règlement. D'une écriture irréprochable, dans une orthographe et une langue parfaites, il a résumé son travail personnel, indiqué l'enseignement moral qu'il voulait tirer de la fable du jour. Par malheur, au-dessous de la date du vingt et un décembre, on lit :

« A cause du mauvais temps, aucun élève n'a assisté à la leçon. Cette préparation servira donc pour le lendemain. »

Le lendemain, c'est le vingt-deux décembre, mais :

« Le mauvais temps continue. »

Le vingt-deux...

J'abrège. Nous sommes à la fin de janvier, le beau temps est rétabli depuis longtemps, si radieux pour la saison que tous les agriculteurs lèvent les bras au ciel. Cependant le moniteur indigène a toujours sa préparation du vingt et un décembre sur la langue, pour l'excellente raison que les écoliers prolongent leurs vacances. « Il y a des années, comme dit l'autre, où l'on n'est pas en train d'étudier. »

Nous sommes édifiés. Nous allons remonter à cheval ; mais voici que l'instituteur surgit soudain, accompagné de quelques naturels. On nous a aperçus. On nous a épiés, on est allé le prévenir.

Qui donc a dit que ces Arabes ne sont point assimilables ? Le premier turco venu est un modèle de grognard. Celui-ci ayant passé par le laminage universitaire est devenu un prototype d'instituteur. Il garde une contenance modeste; il frotte ses mains comme un jeune séminariste. Il n'y a plus trace, en lui, de cette indépendance de sa race, qui perce même à travers les contorsions des quêteurs de pourboire. On en a fait un honnête jeune homme, confit de bonne volonté et de politesse :

— Oui, monsieur l'inspecteur ;... non, monsieur l'inspecteur...

Il connaît sa hiérarchie et m'adjuge, au petit bonheur, ce titre, qui lui semble justifié par le ruban rouge et mon invasion dans l'école. C'est lui, d'ailleurs, le jeune maître intelligent et de bon vouloir, qui a écrit sur le cahier de l'élève studieux la note que je citais tout à l'heure. Il répond sans dissimulation aux questions qu'on lui pose.

Ainsi j'ai demandé :

— Est-ce que votre longue fréquentation des Français, votre titre de fonctionnaire ne vous ont pas rendu suspect à vos coreligionnaires ?

Il dit avec franchise :

— En étudiant dans les écoles françaises, j'ai perdu beaucoup des habitudes religieuses de mes compatriotes. Mais ici, isolé comme je suis, je pratique exactement avec eux. Cela assure ma tranquillité et je crois que cela est profitable à l'école même. En tout cas, cela ferme la bouche à ceux qui disent : « Un musulman qui apprend le français ne prie plus. »

De même à cette question :

— Croyez-vous que l'inquiétude religieuse soit le principal motif qui détourne les Arabes d'entrer dans nos écoles ?

J'ai recueilli cette loyale réponse :

— Non pas, monsieur. Vous voyez que, dans les villes, les Arabes envoient volontiers leurs enfants à l'école. Il en va de même autour des centres importants. On s'aperçoit alors que l'on a grand intérêt à parler le français pour défendre ses intérêts, pour vendre, pour acheter, pour s'expliquer devant la justice. Mais, dans cet endroit reculé, personne ne sent la nécessité d'apprendre une langue qui est celle de nos vainqueurs. Ainsi j'ai un seul élève, un fils de *mesquins*. Encore n'est-il pas trop zélé. Il n'a eu, l'année dernière, que soixante-cinq jours de présence.

Il ne me restait plus qu'à poser une seule question au jeune maître du collège de Sidi-Aïssa ;

— Et vous, mon ami, combien gagnez-vous par an ?

— Douze cents francs, monsieur l'inspecteur, et ce n'est pas trop, je vous le jure, pour venir dans cette cave mourir du mal de poitrine !

Il a raison, ce jeune moniteur. Douze cents francs, ce n'est pas trop pour diriger, dans ces conditions aquatiques, le Collège de Sidi-Aïssa. Mais il y a un autre personnage que je plains autant que lui, c'est le contribuable français. Ne trouvez-vous pas qu'on abuse un peu de sa bourse quand on lui fait payer douze cents francs les soixante-cinq répétitions qu'un fonctionnaire de la République a données, l'année dernière, à l'unique élève du Bouzegza?

XXVI

« Qu'on ne l'oublie pas, entre populations mêlées que séparent les origines, les traditions, les mœurs, l'état social, il n'y a d'autres alternatives que l'assimilation graduelle, l'avilissement par la servitude ou le massacre [1]. »

A supposer que la destruction de l'indigène ne répugnât point à notre sensibilité latine, elle est aussi impossible en Algérie que l'extermination des Indous en Asie. La servitude ? Nous aurons l'occasion de voir que beaucoup de colons — j'entends les plus radicaux, ceux qui ont quitté la France parce que leur passion de liberté et d'égalité s'y trouvait à

---

1. Élisée Reclus, *l'Afrique septentrionale.*

l'étroit, — beaucoup de colons regrettent qu'on ne leur donne pas, avec la concession de terrain, la charrue et la paire de bœufs, un lot d'indigènes à gouverner, selon le code des anciens planteurs, avec la matraque. Mais quelle que soit la complaisance des représentants algériens pour leur turbulente clientèle, ils n'oseront jamais proposer aux Chambres le rétablissement légal de l'esclavage. Il faut donc, par nécessité, sinon par choix, revenir au rêve de « l'assimilation graduelle ».

On a voulu la commencer par l'école, et on a échoué misérablement. Faut-il en conclure avec les gens sans passion que l'on a seulement mis la charrue avant les bœufs, ou avec les colons-électeurs que l'Arabe est irréductible?

C'est un des sujets les plus fréquents de nos entretiens avec Éric. La journée finie, au coin du feu, nous repassons nos souvenirs ; une fois de plus, nous comparons, nous contrôlons nos expériences, nous évoquons les témoignages recueillis.

En ce qui concerne l'indigène, ils aboutissent à distinguer deux états d'esprits très divers : leur attitude en temps de paix et leurs velléités en cas de guerre.

On peut dire que chaque centre de colonisation a l'indigène qu'il mérite.

Dans notre voisinage immédiat s'élève tout justement un de ces villages qui ont mal tourné. Les habitants ont succombé sous la fièvre, la fainéantise, l'absinthe et les dettes. Ils vivent de la location de leurs terres à des métayers indigènes, ou de l'exploitation des khammès. Malheureux et aigris, ils logent peu de scrupule. Ils trichent sur les achats et sur les ventes. Ils ne tiennent pas leurs contrats, ils sont, en retour, volés par leurs dupes. Toute occasion est bonne pour les larrons : une porte ouverte, un bal qui fait les maisons désertes, la nuit qui protège contre les regards l'écumeur de récoltes.

Au contraire, dans notre ferme, où les gens sont payés régulièrement, on n'a pas signalé de tout l'hiver un seul vol. Les indigènes qui travaillent sur nos terres ont une tendance à imiter nos procédés de culture. Ils demandent à essayer nos outils; ils reconnaissent, à l'occasion, leur supériorité. Et ceci n'est point un phénomène isolé, mais une tendance qui se dessine. Partout où l'Européen réussit, où il s'impose par la dignité de sa vie, par l'économie, par un travail intelligent, l'indigène se rapproche. Un livre bien curieux à consulter sur ce sujet est la monographie qu'un vieil Algérien, M. L. Bastide, a publiée sur Bel-Abbès [1]. On y voit que le développement intellectuel

1. *Bel-Abbès et son arrondissement*, chez Perrier, à Oran, 1881.

de l'indigène, ses progrès dans l'assimilation, suivent, pas à pas, la croissance d'une ville, le succès de sa fortune. Entendons-nous bien pourtant sur ce mot d'assimilation. Il signifie seulement une détente dans des rapports détestables ou nuls. Il marque la fin du fâcheux état d'esprit qui porte l'indigène à croire que le conquérant veut nécessairement sa perte. Il n'est pas question d'un de ces courants de sympathie qui aboutissent aux mariages mixtes, aux fusions de races, voire à un acte aussi virtuel que la naturalisation. Les statistiques sont là pour rappeler au sentiment de la réalité les optimistes trop portés à l'illusion. Elles ne relèvent pour l'année 1893 (la dernière dont les résultats sont publiés) que trente-sept naturalisations d'indigènes et un seul mariage contracté entre Européens et Musulmanes.

Ceci est le bilan de l'état de paix. Qu'adviendrait-il dans l'aventure d'une guerre européenne qui nous mettrait, fût-ce une heure, en échec ?

Il y a dans le Coran une phrase que tous les musulmans connaissent; ils la répètent dans les cafés maures, dans toutes les assemblées de prière ; cette formule soude toutes leurs espérances avec toutes leurs rancunes :

« Une seule chose est devant Dieu plus méritoire que le pèlerinage : *la mort dans la guerre sainte.* »

Supposez que nous ayons la force ou la démence

d'effacer ce verset du Livre, rien ne l'arrachera de la mémoire tenace des croyants. Il vaut contre tous nos efforts de séduction ou de rigueur, contre nos érections d'hôpitaux ou de guillotine, contre les sentences d'exil et contre les distributions de croix. Le jour venu, il rallumerait l'incendie et propagerait l'égorgement.

J'ai eu là-dessus une explication bien franche avec un homme de grandes tentes, qui est bon théologien et qui écrit à ses heures. Il m'avait invité à chasser le sanglier en forêt. Tandis que les rabatteurs s'égosillaient sur la piste, nous faisions de la casuistique avec nos fusils en travers de nos selles.

Soudain, il me dit :

— Il y a une chose que je ne puis comprendre. Jésus, c'est ton Prophète ?

— Comme Mahomet est le tien.

— Et les Juifs ?... Les Juifs ont tué ton Prophète ?

— Ils l'ont crucifié.

— Alors comment les recevez-vous parmi vous ?

Les cris des rabatteurs s'éloignaient. Nous arrêtâmes nos chevaux et je dis très gravement :

— C'est pour obéir au Christ. Il nous a ordonné de pardonner à nos ennemis.

La bouche de l'Arabe sourit avec ses yeux.

— Je sais, fit-il. Et il aurait dit encore : « Si on

vous donne un soufflet, tendez l'autre joue. » Eh bien, retiens ce que je vais te dire : Dieu ne peut pas penser un jour une chose et un jour une autre ; il ne peut pas dicter une fois à un Prophète : « Pardonne aux ennemis », et demain à un autre Prophète : « Combats les infidèles. » Il a donc — crois-le bien — ordonné la même chose à ton Jésus et à Notre-Seigneur Mohammed. Mais ce sont les Juifs qui vous ont apporté vos livres. Ils avaient peur, à cause du meurtre, et parce qu'ils ne savaient plus où aller. Alors, pour se ménager un asile, ils ont fait mentir Dieu. Ce sont eux qui ont écrit dans ton Livre la lâcheté du pardon.

XXIX

Je suis arrivé à la ferme d'Haouche-bou-Akra le jour même où les métayers quittaient le service d'Éric. C'étaient deux Kabyles, deux frères, que la moisson avait amenés dans ces parages. Éric regrette ces serviteurs. Il ne les remplacera pas aisément. Le Kabyle est à l'Arabe ce que le mulet est à l'âne ; chez l'un comme chez l'autre les qualités de sobriété et de résistance à la fatigue s'étoffent dans le métissage.

De Paris, nous ne distinguons pas trop clairement ces deux catégories d'indigènes ; nous savons, tout en gros, que les conquérants arabes trouvèrent un habitant sur le sol. On l'appelait le « Berbère ». Le Kabyle, le cultivateur des *ksours* sahariens, le

Chaâmba, le Touareg descendent de ces autochtones. Je ne suis pas sûr que la majorité des sénateurs qui rêvent le bonheur des populations indigènes en sachent sur cette matière beaucoup plus long que vous et moi.

A supposer qu'ils aient étudié les trois gros volumes nourris de faits précis, de vraie science et de philosophie que le général Hanoteau et M. le conseiller Letourneux ont écrit sur le pays kabyle [1], ils seront sortis de cette lecture mal édifiés sur un problème dont nul historien n'a encore apporté la solution. On leur aura rappelé que les Kabyles du Djurdjura sont issus de cette race d'hommes qui occupait le nord de l'Afrique, de l'Égypte à l'Atlantique ; que le nom de « Berbères » vient d'un dédaigneux sobriquet sous lequel les Grecs et puis les Romains désignèrent, sans autre curiosité des origines, leurs vis-à-vis d'Afrique, βάρβαροι, *Barbari*. Ils se consoleront en évoquant les belles histoires de Massinissa et de Jugurtha, les chevauchées, crinières au vent, bouches libres de la cavalerie numide.

A supposer que le Kabyle et le cheval barbe soient des revenants de ces héroïques aventures, ils ont sûrement subi plus d'un mélange sur la

---

[1]. *La Kabylie et les coutumes kabyles*, 3 vol. chez Challamel.

route. Sans remonter au delà des jours chrétiens, on voit les débris des colonies romaines et grecques si complètement submergés par l'invasion des sémites, que, au xiiie siècle, il n'est plus du tout question de chrétiens en Afrique : on ne parle plus que des musulmans arabes ou berbères. Sans doute ces colons romains, fuyant devant les armées arabes, cherchèrent un refuge dans des citadelles naturelles comme la Kabylie. C'est d'ailleurs une opinion répandue chez tous ces Berbères que les Aït-Bida, les Aït-Fraoucen, d'autres, descendent d'aïeux européens. Chez les Aït-Ouaguennoun, la beauté des femmes est considérée comme un indice de l'origine étrangère.

En dehors de ces croisements, les Kabyles ont subi l'influence sémitique des Arabes et des Turcs. Les premiers s'imposaient comme missionnaires. Les seconds accueillaient avec empressement toutes les familles kabyles qu'une dette de sang chassait de leurs villages. Enfin les Berbères du Djurdjura ont supporté une autre catégorie de métissages que l'on a appelé d'un mot heureux : des « croisements par infiltration ». Pendant des siècles, la Kabylie a été un refuge ouvert aux mécontents, aux proscrits et aux malfaiteurs. Tout étranger qui réclamait l'hospitalité y était accueilli. On ne s'enquérait ni de sa nationalité ni de son passé. S'il acceptait de s'enrôler dans un parti de village, ses nouveaux amis lui donnaient une maison. Ils lui fournissaient une femme. Des hommes de toute éducation et de toute race ont ainsi terminé en Kabylie des vies aventureuses. Le secret de leur origine a péri avec eux, mais leur passage a laissé dans ces montagnes d'ineffaçables traces : ces nombreux types de race blonde et rousse, fréquents dans les tribus, et qui n'appartiennent ni à l'Asie ni à l'Afrique.

Il n'y a pas jusqu'aux déserteurs français qui n'aient concouru à ces croisements. Le général Hanoteau conte qu'il connut près de Fort-National un Angevin en rupture de ban. Ce « métourné » était venu s'installer sur une crête du Djurdjura. Amnistié après la conquête, il préféra demeurer Kabyle. Rien ne le distinguait de ses nouveaux compatriotes. Il avait perdu toutes les habitudes de sa jeunesse. Ses enfants ne parlaient pas un mot de français; ils professaient l'islamisme, ils étaient aussi hostiles aux conquérants que tous les autres habitants du village.

En saurons-nous jamais plus long sur les origines du peuple kabyle? On ne voit pas d'où viendrait la lumière. Le *thak ebailith* (dialecte berbère parlé en Kabylie) ne possède pas de caractères pour représenter des sons. Il ne s'écrit point. Sa littérature se borne à des cantiques religieux, à quelques chansons confiées aux mémoires populaires. Quand les marabouts, seuls lettrés, sont dans la nécessité de rédiger un acte ou une lettre, ils usent de la langue, au moins des caractères arabes.

Mais si le dialecte kabyle ne renferme aucun monument un peu ancien qui puisse guider les futurs historiens du peuple berbère, il fournit des indications précieuses sur le naturel et les habitudes de la race. Il n'y a peut-être pas de langue au monde qui ait pris tant de plaisir à se déformer dans des argots de franc-maçonnerie. C'est un effet de la méfiance qui est le fond même du caractère kabyle; c'est aussi un résultat de l'insécurité séculaire où ces peuples ont vécu. Commerçants et voyageurs, les Kabyles éprouvaient le besoin de s'entretenir avec leurs associés sans être compris des étrangers. Cette nécessité a donné naissance à un certain nombre de langages conventionnels. On peut dire que chaque profession a le sien. Ainsi l'argot des colporteurs s'appelle « la nôtre » (*thin-en-ner*). Dans cette entente, dormir s'exprime par la périphrase : « l'œil devient noir ». Se séparer, c'est « faire comme les fils de l'Andalous ». Marcher la nuit, c'est « faire le lièvre ». Un franc, c'est « un ongle ».

Les poètes chanteurs ont baptisé leur argot la « félicité » (*tasadith*). Dans cet idiome d'initiés, un chrétien se dit « l'homme au cœur dur », un arabe « celui qui ne comprend rien », l'argent « ce qui adoucit ». Les étudiants quêteurs, en leur qualité de lettrés, ont imaginé un système plus compliqué, mais plus méthodique. Ils ont baptisé d'un nom nouveau chacune des lettres de l'alphabet arabe. Lorsqu'ils veulent énoncer un mot, ils nomment successivement chacune des lettres qui le composent; soit, par exemple, le mot « Mohammed », on prononcera dans cette combinaison argotique : *Mim el-djemâi h'alim el hokmi mim el-djemâi dalil el-k'oum.*

J'entends dire que cette fantaisie de mandarin exige un loisir qui sent d'une lieue son aristocratie fainéante, et vraiment les étudiants kabyles furent, au temps de leur prospérité, les plus extraordinaires mauvais garçons qui aient jamais drapé des vices dans le manteau de la science.

XXVIII

En tout pays du monde la jeunesse des écoles s'arroge des privilèges. On sait comment elle en use en Allemagne et en Angleterre. Nos étudiants eux-mêmes font souvent parler d'eux. Ils se chargent de la police de leur quartier ou encore ils interrompent la circulation par le déploiement d'un « monôme ».

Avant la conquête, les étudiants berbères avait une façon plus hardie et plus pittoresque de couper la route. Je ne cite pas leurs procédés pour exciter l'émulation de notre jeunesse, mais simplement pour donner une idée des mœurs de la Kabylie il y a quarante ans.

Quand on voyage dans la région des Aït-Ali, il

arrive qu'on rencontre par les sentiers de montagne des jeunes gens qui poussent devant eux des mulets singulièrement harnachés. Les bêtes n'ont ni poitrails, ni croupières, ni fers aux sabots. Leurs charges ne sont point ficelées, mais simplement posées sur les bâts.

On demande, un peu surpris :

— Quels sont ces muletiers équilibristes?

Les gens vous répondront :

— Les étudiants d'Ou-Dris.

Et on vous raconte leur histoire.

Un saint homme qui s'appelait « Ou-Dris » fonda dans les temps passés une « mâmera » à laquelle, selon l'usage, il donna son nom. Une « mâmera », c'est une école supérieure; c'est aussi un couvent. Ceux qui y viennent achever leurs études acceptent la discipline de la confrérie. La discipline, ou pour se servir du mot kabyle, dont l'origine est évidente, le « kanoun » de la mâmera d'Ou-Dris était sans doute l'œuvre des étudiants eux mêmes plutôt que du vertueux instituteur de l'ordre. Elle divisait les élèves en deux catégories : les étudiants dits « à la planchette » et les étudiants « de la massue ». Ces derniers ne mettaient jamais le nez dans aucune espèce de livre. Ils s'occupaient uniquement de vol et de brigandage.

On ne peut pas dire qu'une parfaite harmonie

ait toujours régné entre des personnes de spécialités si différentes. Les étudiants de la planchette, décidément brimés par leurs fougueux collègues, furent obligés plus d'une fois de faire parler la poudre. C'étaient là des brouilles passagères. Les étudiants des deux branches finissaient toujours par se raccommoder aux dépens de leurs voisins; faisant cuisine commune, ils avaient des terrains d'entente fraternelle. Du reste, les voleurs habitaient rarement la mâmera. Ils travaillaient au dehors, par petites bandes : le jour ils arrêtaient les voyageurs; la nuit, ils dérobaient.

Ils avaient ingénieusement classé les populations de leur voisinage en amis et ennemis. Quelques-uns de ces amis s'étaient volontairement donnés à la mâmera; ils lui payaient rançon par élan de sympathie. Pour les ennemis, quand leur mauvaise fortune les mettait en présence des Ou-Dris, ils étaient dépouillés de tous leurs vêtements. S'ils faisaient mine de se plaindre, pour d'éviter les récriminations, on les tuait sur place.

Afin d'éviter des confusions toujours fâcheuses, le tributaire de la mâmera était pourvu d'un passeport. C'était un objet connu de tout le monde : un fusil, un sabre, un bâton, un couteau. En cas d'erreur, celui qui s'était laissé arrêter à tort rentrait en possession de ses vêtements et de ses bagages;

tout de même il payait une légère amende. C'était là une question de principe : on le punissait d'avoir fait perdre aux étudiants leur temps et leur peine.

Après leur sortie de la mâmera les étudiants de la massue demeuraient affiliés à l'association. Ils devaient répondre à l'appel de guerre dans les occasions importantes. On formait alors une compagnie de trois cents hommes. Cette force allait donner ouvertement l'assaut à des villages ennemis, voire à des tribus qu'on ne croyait point de taille à se défendre. On égorgeait les hommes qui n'avaient point avec la mâmera d'entente particulière. Les femmes n'avaient à craindre ni le vol ni la mort. Les étudiants laissaient de côté les matrones ; ils réservaient la beauté et la jeunesse pour leur plaisir. D'ailleurs, la plus exacte probité présidait au partage du butin. Il était vendu aux enchères par le mok'addem de guerre. Le produit de l'encan était divisé entre les compagnons selon leurs justes mérites. Le maître d'un fusil avait droit à deux parts, le porteur d'un sabre à une seule.

Quand la bande se trouvait trop maigre pour mettre un village à sac, elle se fondait en petits groupes qui de nuit allaient chez les voisins couper les arbres, incendier les maisons, les fourrages, les récoltes. Le jour, on s'embusquait près des villages.

On s'emparait des troupeaux et des gens qui passaient à portée. Les hommes ainsi enlevés étaient conduits à la mâmera. On les enchaînait dans un souterrain, on les gardait comme otages jusqu'à ce que le village eût versé la rançon, ou, de guerre lasse, jusqu'à ce qu'il acceptât de payer le tribut.

Ces serviteurs forcés étaient traités en peuple conquis. On commettait chez eux des excès de tout genre. On conte encore en pays kabyle l'histoire d'un certain Teralat, étudiant de la massue, qui, passant la nuit au village d'Handis, chez les Aït-Abbès, chassa, le pistolet au poing, un mari du lit conjugal et s'installa jusqu'au matin dans la place toute chaude. Le pauvre homme courut en vain chez des voisins pour demander du secours. On savait bien que si l'on eût tiré vengeance de cette injure, le tambour de basque et la petite flûte des bataillons de la mâmera auraient retenti, dès le lendemain, sous les murs du village.

On préféra faire tout de suite alliance avec des voisins si sans gêne ; on jura de leur payer la dîme de toutes les récoltes en grain, en figues et en olives. De leur côté, les gens de la massue donnèrent « l'anaïa » aux habitant d'Handis, c'est-à-dire qu'ils s'engagèrent « à ne jamais voler chez leurs alliés quand ils recevraient d'eux l'hospitalité, à laisser une part de viande au maître de la maison qui leur offrirait le couscous, à ne pas rôder autour de la fontaine des femmes, et enfin à ne pas pénétrer d'autorité dans le domicile des gens qui ne seraient pas leurs amis particuliers ».

XXIX

Quand des personnages qui appartenaient tous à des familles maraboutiques et qui étaient unis entre eux par une règle religieuse montraient si peu de respect pour la vie et les biens de leur prochain, on peut se faire une idée des excès auxquels se livraient les enfants perdus, les larrons de toute arme et de toute origine qui infestaient le pays. Il est bien intéressant de noter que de cette diffusion du vol et de cette généralité du brigandage est né un des droits coutumiers les plus méticuleux dont il y ait trace dans l'histoire des organisations primitives.

J'ai déjà eu l'occasion de remarquer, dans une étude sur les mœurs des Wikings norvégiens et danois [1], que la casuistique normande, son goût de procédure, ses finasseries d'argument, ses ruses, sont sortis du désir qu'avaient les pillards du Nord de protéger contre les entreprises des leurs le butin qu'ils avaient conquis au dehors. Le droit kabyle est né d'une préoccupation pareille. C'est vraiment une suite de contrats d'utilité bien entendue, à la base desquels on n'entrevoit nulle idée de moralité, mais cette intelligente certitude qu'il y a profit supérieur à limiter les convoitises individuelles pour lier ses voisins par le même contrat. L'originalité des kanouns kabyles, c'est que, à cause de la topographie des lieux et du tempérament de la race, ces ententes restèrent la règle de petites fractions isolées. Souveraines dans un village, elles étaient méprisées dans un village voisin.

Il se dégage cependant de la lecture des innombrables kanouns recueillis par M. le conseiller Letourneux quelques dispositions si universellement acceptées qu'elles peuvent passer pour des principes. L'étude de ce droit général est fort intéressante. C'est comme une porte largement ouverte sur les instincts tortueux de cette race montagnarde ; c'est en même temps une leçon d'histoire, car, à travers

---

[1]. Hugues Le Roux, *Notes sur la Norvège*; chez Calmann Lévy.

la confusion des prescriptions locales, on aperçoit des vestiges de droit latin. On dirait, dans ce maquis, de belles et larges voies romaines dont le tracé serait encore visible.

La première assise de la société kabyle, comme de la vieille société latine, c'est la *gens*, la famille. Elle comprend le père, la mère, les fils, leurs femmes, leurs enfants, petits-enfants, les oncles, les tantes, les neveux et cousins. Très fréquemment, ces individus vivent en commun. Les biens sont laissés dans l'indivision, les revenus employés à la nourriture et à l'entretien de tous. La responsabilité est collective, ainsi que la propriété. Si un membre de la famille commet un meurtre, chacun des membres peut être choisi comme victime expiatoire par les parents de l'assassiné. Bien sûr, cette puissante organisation de la famille est une nécessité dans toutes les sociétés encore en enfance, où l'autorité et les lois sont impuissantes à protéger la vie des individus. Elle a ici un caractère semi-patriarcal qui donne à la démocratie kabyle une physionomie bien personnelle.

L'unité politique et administrative est le village (*thaddart*). C'est un corps qui a sa vie propre, son autonomie. Il nomme ses chefs, il édicte ou il modifie ses lois; il s'administre lui-même. Il peut, s'il a la force, se passer de ses voisins. L'ensemble de deux villages unis par certains liens d'affinité constitue la tribu *(ârch)*. La réunion de plusieurs tribus forme la confédération *(thake-bill)*. C'est la plus large expression de la vie fédérative chez les Kabyles. Il est très rare que plusieurs confédérations s'unissent par des liens permanents; quand elles se liguent, c'est toujours dans un but de défense ou d'agression commune.

L'autorité qui dirigeait jadis le village était la « djemâa », c'est-à-dire l'assemblée générale des citoyens. Ses décisions étaient souveraines; quand elle avait la force, elle les faisait exécuter elle-même. Elle décidait sans apppel dans les matières d'intérêt général et elle surveillait l'initiative privée avec une attention jalouse. Passionnée, ombrageuse, comme toutes les démocraties, elle ne connaissait qu'un contrepoids à la fougue de ses entraînements : un respect religieux pour la coutume. Je dis religieux et non pas superstitieux. Les Kabyles ne sont pas des Chinois. La même djemâa qui s'est instituée gardienne des usages anciens, qui veille autour de cette arche d'alliance comme sur une citadelle de l'indépendance, abroge ou modifie sans hésitation tout ce qui est décidément caduc.

Cette disposition des esprits est un des traits qui distinguent essentiellement la race berbère des autres catégories musulmanes. Elle fait des Kabyles de précieux auxiliaires pour le colon. Avec eux, on ne rencontre jamais ces résistances inertes qui découragent d'employer l'Arabe, de lui mettre dans les mains un outil dont il ne s'est pas héréditairement servi. Elle a transformé la physionomie de la Kabylie depuis la conquête. Elle y a introduit des perfectionnements dans la culture qui ont accru la richesse du pays. Elle suffit à justifier la tolérance particulière dont le maréchal Randon usa, après la conquête, envers les populations kabyles : il laissa debout leur organisation politique et leur droit coutumier.

De tous les changements que nous avons apportés dans l'administration des villages, celui-ci est le plus important : nous avons retiré à l'assemblée de la djemâa le droit d'élire son « amin ». Nous en avons fait un représentant de notre autorité, un agent nommé directement par nous. Cet « amin », souvent appelé par les Kabyles « berger du village », n'était qu'une sorte d'agent chargé de surveiller l'exécution des décisions de la djemmâa ; il est aujourd'hui l'équivalent d'un caïd. Malheureusement, nos choix se sont portés sur des individus qui n'étaient pas toujours en état d'exercer effectivement l'autorité dont nous les investissions.

Ceci est une difficulté qui est née de la conquête elle-même et de la politique qui fut tout d'abord suivie envers les grandes familles. Il était entendu jadis — nous sommes dans une démocratie — que tout Kabyle pouvait devenir amin du village. Mais ici comme partout, les mœurs furent plus fortes que les principes ; dans le fait l'amin était toujours choisi dans les familles influentes de l'endroit. Il convenait qu'il s'appuyât sur un parti assez puissant pour faire respecter ses décisions. On estimait sagement que sa fortune devait le mettre à l'abri des tentations de la misère.

Quand après la victoire, nous avons organisé la Kabylie, nous avons trouvé devant nous la résistance, tantôt ouverte, tantôt secrète, des familles qui, depuis des siècles, dominaient dans l'administration des villages et dans les groupements de partis. Nous avons travaillé sans relâche à abattre leur puissance ; aujourd'hui, elle est détruite. Mais, devant cette disparition, on se demande si l'on n'a pas commis une faute ; s'il n'eût pas été politique de s'emparer de cette force au lieu de l'anéantir. Les caïds et les amins que nous nommons, les uns en pays arabes, les autres en pays kabyles, sont de braves gens, inoffensifs ; ils n'ont aucune autorité ni morale ni religieuse, ni politique sur leurs administrés. Et l'on constate qu'en ruinant l'influence des familles maraboutiques, on a ouvert le pays musulman à une propagande plus dangereuse, parce qu'elle est insaisissable ; à l'action des ordres secrets.

XXX

A l'époque de la conquête, nous avons trouvé la puissance spirituelle aux mains de familles maraboutiques. Celles-ci, sans savoir bien au juste d'où elles venaient, affirmaient très haut leur origine exotique. C'est le cas de dire que personne n'est prophète dans son pays : les marabouts kabyles, pénétrés de cette vérité d'expérience, ont tantôt déclaré qu'ils étaient des Maures exilés d'Espagne, tantôt les petits-fils des missionnaires arabes qui convertirent le pays à l'islamisme; quelques-uns même prétendent qu'ils descendraient des conquérants romains. Cette dernière hypothèse est la plus propre à séduire les archéologues. Ils remarquent que dans la langue berbère les sons du *g*, du *j* et du *z* permutent constamment entre soi. Ils en concluent donc que (sans violer les règles de la linguistique) le nom d'Aït Ouzerman, par exemple (fils d'Azerman), pourrait bien être une déformation d'Aït Germain et signifier *filii Germani*, fils du Germain. N'a-t-on pas vu, en Kabylie, un indigène qui prétendait descendre de nos rois et qui signait Bourbon aîné ses revendications souveraines? N'est-il pas établi qu'un Montmorency a fait souche dans ces montagnes et que sa descendance y porte aujourd'hui le burnous?

Sans nier ces miracles et d'autres, on est tenté de croire que les marabouts kabyles ne viennent pas de si loin. C'étaient des Arabes instruits qui exploitaient l'ignorance de leurs néophytes. Ils jouissaient dans le pays des prérogatives d'une caste privilégiée. Aussi bien apoartiennent-ils à cette race supérieure dont le Prophète a dit : « Vous êtes le peuple le plus excellent qui ait surgi parmi les hommes. » Et ailleurs : « Nous avons fait de vous une nation intermédiaire, afin que vous soyez témoins à l'égard de tous les hommes et que l'apôtre soit témoin par rapport à vous [1] ».

Le premier avantage que les marabouts tirèrent de cette profitable situation « d'intermédiaires » fut la neutralité dans les guerres civiles. Ils ne s'émurent

---

1. Le *Coran*, sourate III, verset 106, et sourate II, verset 137.

pas du sobriquet d'*azaoui* (c'est-à-dire habitant de la zaouïa, homme qui ne se bat pas), dont les Kabyles firent une dénomination pour eux et une injure pour tous les déserteurs du devoir de guerre. Ils savaient bien qu'ils redeviendraient *sidi*, c'est-à-dire « nos chers seigneurs », à la minute des inquiétudes superstitieuses et que, alors, ils glaneraient sans effort les aumônes et les baise-mains.

L'enfantillage dont ces hommes valeureux, si roués en affaires, si méfiants en politique, font preuve dans tous leurs rapports avec le miracle est pour nous autres Européens une source perpétuelle d'étonnement. Je renvoie les voyageurs en chambre désireux de s'égayer sans effort au livre aristophanesque qu'un ancien chef de bureau arabe, M. Ch. Richard, a publié sur ses anciens administrés [1]. Si prodigieux qu'en soit le comique, j'affirme que tous ces gens-là sont peints d'après nature. L'auteur n'a rien inventé.

Veut-on un exemple entre dix autres ?

Un jour, on produit à l'audience un montagnard qui marche péniblement appuyé sur une matraque. Le chef du bureau arabe l'interroge avec bienveillance ; il lui demande s'il a été assailli par des voleurs ou maltraité par des voisins. L'homme fait signe que non.

---

1. *Scènes et mœurs arabes*, par Ch. Richard.

— Voilà, conte-t-il, ce qui m'est arrivé. J'avais attrapé le mal en brûlant du charbon dans un ravin. Un de mes amis, Hamed bou Tedebir, charbonnier comme moi, me dit : « Si tu veux réellement guérir de la fièvre, va trouver Bou Hhadjer, et, pour un demi-réal, il te coupera ça comme avec la main. » J'avais en effet entendu parler de Bou Hhadjer comme d'un illustre médecin. Je l'avais vu, moi-même, plusieurs fois, raccommoder des jambes dans les marchés. J'allai à sa tente et je lui dis : « Sidi bou Hhadjer, telle affaire. » Il me dit : « C'est bien. » Il me demanda si j'avais bu de l'hacheba. (C'est de la salsepareille, et les indigènes en font un abus immodéré.) Je lui réponds : « Il y a un an que je ne bois que ça. » Il me dit : « Alors il faut employer le grand remède. Viens avec moi. » Je vais. Il me conduit, où? sous le pin qui ombrage le tombeau de Sidi bou Doua, que Dieu bénisse. Là il me montre deux grosses pierres séparées d'environ cinq à six pas, sur lesquelles Sidi bou Doua avait l'habitude de se reposer de son vivant. Puis il me dit : « Tu vas te mettre sur l'une de ces pierres; si tu parviens à sauter sur l'autre, le marabout te guérira. Ceci est un remède infaillible qui m'a été transmis par mes ancêtres. Ils le tenaient du premier serviteur de Sidi bou Doua. Donne-moi un demi-réal. » Je lui donne un demi-réal. Je rajuste mes jambes et je saute. Je saute, c'est bien ; j'arrive sur l'autre pierre, c'est très bien ; malheureusement en y arrivant, mes talons glissent et je me colle sur le dos. Je me mets dans cet état-là, tiens, et ce fils de chien, qui est cause de tout, se sauve comme s'il avait le makrezen à ses trousses. Fais-moi rendre mon demi-réal !

L'officier de bureau arabe, qui voit son homme cassé en deux, repond avec commisération :

— Au diable ton demi-réal ! Songe plutôt à guérir tes reins. Je vais te faire conduire chez le médecin, il te raccommodera.

Mais la figure de l'indigène se rembrunit. Il dit avec méfiance :

— Ton médecin ?... me donnera-t-il un remède... pour me guérir... tout de suite, en avalant quelque chose ?

— Pas si vite que cela, les médecines ne font du bien qu'au bout d'un peu de temps.

— C'est que nous avons, nous, des remèdes qui guérissent tout de suite... On m'a indiqué un marabout... un certain Si bel Hedj, qui, pour un réal, vous enlève la maladie comme avec la main...

Voilà la comédie de chaque jour. Pourtant si les marabouts continuent d'être écoutés comme sorciers et comme rebouteurs, ils ont perdu beaucoup de leur autorité en matière politique. Cette décadence des influences maraboutiques date en Kabylie de l'apparition des Français.

Avant notre arrivée en Algérie, les Kabyles avaient une confiance générale dans leurs marabouts. Ils se fiaient aux saints personnages enterrés dans la montagne du soin de défendre les défilés contre les envahisseurs. Plusieurs attaques des Turcs, repoussées avec pertes, avaient fortifié l'opinion publique dans sa superstition. La foi dans ces génies tutélaires était intacte quand parurent nos premiers bataillons. On les attendait à des passages où les marabouts devaient les foudroyer. Ils les franchirent en victorieux. Quand le drapeau des « grandes capotes » flotta enfin sur les crêtes de Fort-National, la Kabylie dut s'avouer que ses saints avaient failli à leur tâche. Elle tourna tout son mépris vers les descendants des ensevelis, qui, dans leurs prophéties, avaient promis l'assistance et la victoire des aïeux. Elle railla impitoyablement les vivants et les morts dans des chansons qui subsistent :

« — Infortunés quarante saints ! — s'écrie un poète des Aït Iraten, après l'incendie d'une fameuse mosquée, — où étiez-vous donc tandis que brûlait Bou Ziki ? »

Les prédicateurs de la guerre sainte ne sont pas plus ménagés après la défaite :

« — Malheureux cheik Ben Arab ! — Pourquoi

as-tu disparu, ô saint ? — Pourquoi nous disais-tu :
— Le chrétien ne gravira pas la montagne — puisque, en somme, — il est maître jusqu'à Aït Yenni ? »

Aurions-nous pu profiter de cette minute de rancune pour saper dans l'esprit des Kabyles les principes de la foi musulmane ? C'est mal connaître ces races que supposer qu'on peut les affranchir du fanatisme, quand une fois elles ont fait connaissance avec la discipline de l'Islam. Cette règle est si merveilleusement appropriée à leurs besoins et à leurs désirs qu'elles ne distinguent guère leurs habitudes religieuses de leurs instincts naturels. Elles n'ont vu dans le mensonge des marabouts qu'un accident humain. Elles se sont contentées de retirer leur confiance à ceux qui les avaient déçus de la placer ailleurs.

Dans les sociétés secrètes, dans ces associations moitié politiques, moitié religieuses, dont les membres se donnent entre eux le nom de *kouan* (frères). Sept de ces ordres religieux exercent en Algérie une influence active ; un seul est répandu dans le pays kabyle, l'association de Sidi-Mahommed-ben-Abder-Rahman, dit « l'homme aux deux tombeaux » (*Bou Kouberin*).

La confrérie, dont les statuts semblent par endroits calqués sur les règles de nos communautés religieuses, est gouvernée par un chef suprême, le *khalifa.* C'est le vicaire du saint fondateur. Il a sous ses ordres des mokaddem chargés d'administrer les circonscriptions dans lesquelles la province religieuse est divisée. Ce sont ces subalternes qui initient le néophyte. Ils lui imposent sous la foi du serment la discrétion et l'obéissance. Ils lui révèlent les formules dont la vertu est surnaturelle ; d'abord la profession de foi islamique : *la illa, ila Allah,* « il n'y a de Dieu que Dieu », puis viennent sept noms, les sept attributs principaux de la divinité qui correspondent aux sept cieux, aux sept lumières divines et aux sept couleurs fondamentales : *ia Allah!* « ô Dieu », expression de son unité et de sa toute-puissance ; *là, houa,* « ô lui! », reconnaissance de son existence immuable ; *ia h'ak'!* « ô le juste! » ; *ia h'aï!* « ô le vivant! » ; *ia k'aoïoum!* « ô l'éternel! » ; *ia aâlim!* ô le savant! » ; *ia k'ahar'!* « ô le vengeur! »

Nous connaissons aujourd'hui, grâce à la divulgation d'une sorte de catéchisme répandu parmi les Kabyles, les obligations des nouveaux initiés[1].

« Le jour où un novice se présente pour être agréé par les frères, il est essentiel de lui adresser les recommandations suivantes, qu'il jurera par serment de tenir secrètes.

» — Mon enfant, lui dira-t-on, que ton attitude en

---

1. Brosselard, *les Khouan.*

présence du cheik soit celle de l'esclave (*mamelouk*) devant son roi. Le cheik est l'homme chéri de Dieu. Il est supérieur à toutes les créatures et il prend rang après les prophètes. Ne vois donc que lui, lui partout. Bannis de ton cœur toute pensée qui n'aurait pas Dieu ou le cheik pour objet. Voue au cheik une obéissance aveugle. Exécute sa volonté, quand même les ordres qu'il te donne te paraîtraient injustes. Sois entre ses mains comme est un cadavre entre les mains du laveur des morts qui le tourne et le retourne à son gré. »

Les pratiques sont le renoncement au monde, la retraite, la veille, l'abstinence, l'obligation de se réunir à des jours déterminés pour chanter en commun les louanges de Dieu et de son prophète, enfin l'oraison continuelle, la récitation jusqu'à trois mille fois par jour de la formule :

La illa ila Allah, Mohammed rasoul Allah! « Il n'y a de Dieu que Dieu et Mohammed est l'envoyé de Dieu ! »

On aperçoit clairement le but humain de la confrérie. Il s'agit d'accaparer la volonté d'un être qui abdique sa liberté au profit de son salut éternel. Les pratiques sont merveilleusement adaptées à la fin que l'on poursuit. Elles disciplinent des esprits sans culture, elles exaltent les imaginations, elles y implantent l'idée fixe. L'adepte est véritablement un outil entre les mains de celui qui l'emploie.

Dans cette abdication de soi-même, le Kabyle trouve la satisfaction de sa vanité et de son goût pour l'égalité. Par le seul fait de l'initiation, il peut, sans instruction et malgré l'obscurité de sa naissance, acquérir un pouvoir religieux égal et quelquefois supérieur à celui des marabouts. Et quand bien même les nécessités de la vie ne lui permettraient point de pratiquer exactement tous les rites de sa confrérie, il éprouve un soulagement quotidien à répéter dans son *diker* les paroles qui formulent tous ses désirs, tout son espoir en ce monde et au delà de la vie :

« — Les portes du paradis sont ouvertes à ceux que l'épée atteindra. — Faites la guerre à ceux qui ne croient pas en Dieu, à ceux qui transgressent ce que Dieu et son apôtre ont défendu. — Préparez-vous, de jeunes vierges aux yeux noirs resplendiront pour ceux qui ont combattu dans le sentier de Dieu. »

XXXI

Affiliés ou non, tous les musulmans portent dans leur cœur l'espoir d'une revanche. Ils ont accepté leur présent asservissement comme une épreuve temporaire. Quand nous croyons les déconcerter en étalant devant eux le spectacle de notre puissance et de nos armements, ils répondent comme ces chefs touaregs à qui l'on montrait, sur la rade d'Alger, des manœuvres de bateaux à vapeur :

— Nous voyons que vous avez pris toutes vos précautions pour vous en aller très vite.

Ou encore ils pensent comme un Arabe de grandes tentes que l'on avait promené à travers la féerie de a dernière Exposition et qui me déclara :

— Dieu abandonne la terre aux roumis. Ils ont

leur paradis et leur puissance dans ce monde. A nous il nous réserve le ciel.

Étant donné cet accord dans la foi et dans la haine, on est surpris, quand on étudie l'histoire des insurrections, de voir que jamais il n'y eut contre nous d'opération d'ensemble. Le nombre des tribus qui nous demeurèrent soumises dans les grands soulèvements fut presque toujours égal au total des révoltés. Si l'on jette les yeux sur quelqu'une de ces cartes, où la fidélité et la rébellion sont figurées en deux couleurs, on constate, avec étonnement, qu'elle présente l'aspect d'un parquetage à deux tons. En Kabylie, cette diversité d'opinions affecte la régularité d'un damier. C'est que, en ce pays, une force est supérieure, voire au lien religieux : l'ombrageuse fierté, l'instinct d'indépendance guerrière, qui, de tout temps, a armé une confédération contre l'autre, une tribu contre une autre tribu, un village contre un autre village, et, dans le village même, une famille contre une famille rivale.

Les querelles des familles corses, les vendettas et leurs suites sanglantes ont eu leurs historiens. Personne n'a parlé des vengeances de la *thameguerct* kabyle, qui, réglée par les kanouns, dépasse sûrement en beauté sauvage, en persistance implacable, les plus fameuses haines du maquis. Faut-il voir dans cette coutume une importation de l'île dans le continent? C'est bien plutôt le milieu qui, ici comme là, a créé ces mœurs de vengeance, ces vivaces haines locales qui sont presque toute l'activité politique des pays montagnards. La nature y donne l'exemple du séparatisme. Elle creuse des abîmes entre les voisins, elle leur mesure parcimonieusement la place pour la vie; quand elle les met en présence, c'est dans des sentiers si étroits qu'il faut que l'un des deux voyageurs s'efface pour laisser passage à l'autre. Autant d'occasions de rixes dont on a le loisir de se souvenir dans l'isolement.

Le sol tout seul, c'est-à-dire le milieu même, est instituteur de haine. Loin de toute excitation du climat méridional et des coups de soleil, dans la glace de Norvège, on retrouve les mêmes habitudes de désunion et de brutale rivalité. Ces gens du Nord, qu'à distance nous distinguons à peine de leurs cousins les Suédois, ne se contentent pas d'exécrer leurs voisins de la plaine, comme un peuple conquis abomine un peuple conquérant; il y a, dans le sein même de la Norvège, de terribles rivalités de castes et de cités. Christiania déteste Bergen aussi ouvertement qu'un village kabyle hait le village bâti sur la crête qui lui fait face. Et l'homme subit partout d'identiques fatalités, et partout il est semblable à soi-même.

Seuls, la forme et les rites changent. Ils ont en

Kabylie une physionomie particulièrement pittoresque. Chez nous, un parti est la réunion d'un certain nombre d'individus qui poursuivent en commun le triomphe d'une idée politique, sociale ou religieuse. Le but atteint, le parti a vécu : il se dissout en ses éléments constitutifs. Chez les Kabyles, rien de semblable. Il n'y a ici ni monarchistes, ni républicains, ni révolutionnaires. La forme du gouvernement n'est pas en cause, chacun tient à la conservation de ses coutumes ; le commerce est trop peu important pour qu'il puisse y avoir de sérieuses divergences en matière d'intérêts économiques. Les partis sont uniquement créés par des nécessités topographiques. Le plus souvent ils n'ont d'autre étiquette que le nom de l'homme le plus en évidence d'un lieu ou de la région. On dit : « Le çof de l'ouest, le çof de l'est, le çof du milieu, le çof d'Abdoun, le çof des Achabo, le çof d'Arezki. » Un çof kabyle n'est vraiment qu'une association d'assistance mutuelle dans la défense et dans l'attaque ; un vieil adage lui sert de devise : *Ouinnek aïoun ith idhelem ner medhloum.* « Aide les tiens, qu'ils aient tort ou raison. »

On entre dans un çof pour y trouver un appui et une retraite ; on y entre encore pour lui emprunter les moyens d'assurer une vengeance. Si une défaite ou une cabale affaiblit la puissance du çof auquel on s'était donné, on en sort sans vergogne. Aussi rien n'est mobile comme un çof kabyle ; il subit toutes les fluctuations du caprice individuel. Quand des troubles sont imminents, quand il y a de la poudre dans l'air, chaque çof travaille avec acharnement à détacher des partisans de la fraction adverse. Tous les moyens sont bons pour atteindre ce résultat : l'intimidation, les promesses, surtout l'argent. Quelques douros, un sac de figues, une provision d'huile, voire un bon dîner, suffisent souvent pour conquérir au çof un défenseur nouveau. Et alors on assiste à cette transformation surprenante : le même Kabyle qui vient de fournir des marques si naïvement cyniques de sa vénalité se donnera corps et âme à ses nouveaux amis. L'honneur, les intérêts du çof deviennent sa préoccupation constante. Il néglige pour eux ses affaires. Il brise les liens de famille pour lui si sacrés. Aucune perfidie, aucun crime ne lui coûtent plus. Il perd tout sentiment du droit et de la justice. Si le çof a décidé de soutenir un de ses membres, il ment pour sa défense, il accumule les faux témoignages et les faux serments les plus solennels. Il oublie qu'il y a un enfer. Il ne se réserve qu'une initiative : le droit de changer de pacte, au gré de ses intérêts. Alors il met une égale ardeur de fidélité au service de ses anciens adversaires.

Pour prévenir ces désertions, le çof est à la dévotion de chacun de ses membres. Si quelque associé meurt pour la cause, ses enfants sont nourris, élevés aux frais du parti. S'il se trouve en danger ou dans quelque embarras d'affaires, les secours affluent sans qu'il les sollicite. On le soutient dans les circonstances les plus graves et dans les plus futiles. Il s'est querellé dans la rue du village, dans un marché, avec un homme d'un çof opposé ; des injures on est passé aux coups d'ongle, des coups d'ongle aux coups de bâton, il suffit d'un appel au secours pour que toutes les matraques se lèvent. Il n'y a pas de neutres : une bataille rangée s'engage ; les couteaux sortent de leurs gaines ; les fusils partent ; la guerre civile peut éclater dans toute une montagne, gagner les tribus, le pays entier.

La création des routes admirables dont nous avons sillonné la Kabylie, l'installation de grands centres et de postes militaires a rendu ces soulèvements généraux à peu près impossibles ; pourtant la récente aventure d'Arezki et d'Abdoun prouve que cet esprit de vengeance, d'alliance, d'insurrection, persiste dans les tribus, que l'entente contre les vainqueurs est générale ; enfin que la guerre de partisans sera éternellement possible dans un pays qui n'est qu'une immense forteresse.

XXXII

Si peu d'attention que l'on prête en France à ce qui se passe dans notre colonie d'outre-mer, tout le monde a entendu parler d'Arezki. On a été agréablement surpris, presque charmé, d'apprendre qu'il existait encore dans la banlieue de l'Europe un réservoir d'authentiques brigands, que ces hardis compagnons pouvaient, plus d'une année, tenir la gendarmerie et l'administration en échec.

Dans cette occasion, comme dans bien d'autres, l'opinion publique a distribué sa faveur un peu au hasard; elle a décerné le laurier de la célébrité au brigand Arezki, alors qu'elle aurait plus justement pris fait et cause pour son camarade Abdoun. Il est vrai que l'on a engagé, peut-être volontairement, l'attention du public sur la mauvaise piste. Arezki était la carte forcée, celle que l'on semblait décidé à faire sortir de la main pour la montrer à la foule. Abdoun, au contraire, avait glissé sous le jeu. On aurait préféré qu'il y restât.

— Arezki? m'ont répondu vingt fois les Kabyles que, pendant le procès, j'ai interrogés sur le compte de leur compatriote. Qu'est-ce que c'est que cet Arezki? Un homme de rien. Il avait été portefaix à Alger et quoi encore? Tandis qu'Abdoun... Ah! Abdoun! Celui-là, monsieur, était un homme de bonne famille.

Le goût de ces distinctions est toujours intéressant à noter, surtout dans une société aussi jalousement démocratique que le monde kabyle. Les indigènes de noble maison avaient vu avec dépit ce portefaix en rupture de ban usurper, dans la légende du pays, une place à laquelle sa naissance ne lui donnait pas droit; on réprimait mal des mouvements d'impatience quand les bonnes gens, dont l'estime va toujours à la force, surtout quand cette force leur est impitoyable, commençaient à conter dans les cafés maures :

— Arezki est marabout. Il faudra une balle d'argent pour le tuer.

On rappelait alors que ce coupeur de routes n'avait jamais fait parler la poudre contre les roumis, qu'il respectait leurs propriétés et leurs vies, qu'il imposait cette politique à sa bande, mais qu'il osait tout envers ses frères : le meurtre, le vol et le reste.

Quand le gouvernement général se décida à user contre le bandit de la force terrible que la loi met entre ses mains (et dont il ne veut user qu'à la dernière ressource), la responsabilité collective des tribus, ce fut, dans le pays kabyle, comme un soulagement. On obéit avec empressement à la contrainte. Les bandits, traqués, affamés, sans asile, durent se rendre.

— Comment aurais-je pu te résister? dit Arezki à M. le sous-préfet de Tizi-Ouzou, en lui rendant ses armes. Tu es venu sur moi comme la panthère...

Sa mimique indiquait la souplesse du fauve qui se rase, qui d'un seul coup détend son échine dans une irrésistible attaque.

Ce diplomate ne payait pas de mine. Sa taille était au-dessous de la moyenne, son cou, si court qu'il lui fallait, comme un bossu, lever un peu le menton dans la marche et dans la parole. Ses épaules larges, sa poitrine en carène soutenaient une force peu commune. Son visage avait une mobilité presque simiesque. Les yeux brillaient d'intelligence. Il y avait en lui du comédien et du domestique obséquieux. La férocité se montrait seulement dans les mâchoires, en saillie sur des ganaches, profondes comme celles des fauves.

Aux assises, la tenue d'Arezki fut celle d'un homme indifférent ou gouailleur. C'était un inoubliable spectacle que celui de ces vingt pillards en burnous, alignés devant le jury, sur deux rangs, entre des gardes triplées. Abdoun et Arezki étaient assis à côté l'un de l'autre ; ils ne se parlaient guère et ne se ménageaient pas dans leurs dépositions. Un jour que j'assistais à l'audience, le président demanda à Abdoun :

— Que pensiez-vous de votre compagnon ?

Et lui de répondre avec froideur :

— Je l'ai toujours considéré comme un homme quelconque.

Cet homme « quelconque » se révéla dans sa défense un politique merveilleux. Il commença par rappeler que ses sentiments pour la France avaient toujours été excellents. Il ne s'était pas contenté de faire respecter l'existence et les biens des Européens, il avait été une providence pour quelques-uns d'entre eux. Il leur avait cédé à vil prix des troupeaux volés aux indigènes. A l'occasion, il les avait employés comme métayers. il avait obligé ses amis et sa clientèle *à envoyer leurs enfants dans les écoles françaises.*

Ce premier développement avait pour but de

concilier à l'accusé les bonnes grâces d'un jury que le bandit estimait kabylophobe. Mais ce sacrifice fait aux nécessités de l'heure, Arezki se préoccupa de se réconcilier avec l'opinion kabyle, que ces déclarations francophiles pouvaient lui aliéner tout à fait. Il se rappela que les kanouns de la montagne distinguent scrupuleusement dans leur classement des délits, les crimes qui n'atteignent que les particuliers et ceux qui touchent « à l'honneur du village ». Il se chargea avec une sorte de fanfaronade de tous les forfaits qui se rattachaient au premier chef, réclamant la paternité de tous les beaux coups de fusil et des actions de guerre ; quand on vint à parler du détroussage d'un marabout que l'on avait soulagé de sa quête et dépouillé de ses vêtements sur une grande route, il protesta de toutes ses forces, avec une violence inexplicable pour quiconque n'aurait pas flairé son arrière-pensée.

Enfin, décidé à s'attirer par sa péroraison la bienveillance de ses coreligionnaires, des colons de la campagne, de la presse algérienne, et, par-dessus la tête de ces spectateurs, de la métropole tout entière, le bandit fit une charge à fond contre l'administration. Il expliqua qu'elle l'avait obligé à prendre la forêt, à piller, à tuer. D'accusé il se fit accusateur. Il en usa avec tant d'adresse qu'un instant on put croire qu'il sauverait sa tête.

Il était pourtant bien inquiet, quelques jours plus tard, quand je le visitai dans sa prison. Un terrible pli de souci rejoignait ses sourcils au-dessus de son front. Il passait des heures accroupi sur ses talons, la nuque appuyée à la muraille, ses mains posées sur ses genoux. Il ne mangeait plus. Il avait la fièvre. Il refusa le tabac que je lui apportais. Il me dit :

— Je voudrais des oranges.

Il en suça trois ou quatre de suite avec l'avidité d'un homme que la soif tourmente. Il cacha les autres dans les plis de son burnous. Il ne redevenait maître de soi-même que sous les yeux du public. Alors sa fierté le relevait. Il trouvait des mots dédaigneux pour riposter aux interrogations des magistrats. Ainsi, lorsqu'après une première condamnation à mort, on le fit comparaître une seconde fois pour le juger sur un autre chef d'homicide, il prononça avec indifférence :

— Les morts ne répondent point.

Et, jusqu'à la fin des assises, il garda cette attitude de révolte muette.

XXXIII

L'intérêt que je prenais à ce procès m'avait amené sur le lieu même des meurtres. Je demandai que l'on me conduisît jusqu'à la femme d'Arezki. Au-dessus d'Azazga, elle habitait ce nid d'aigle où le bandit avait bâti sa maison. Cela s'appelle Bouhini. Cela est suspendu sur les forêts, au centre du cirque des montagnes qui, de toutes parts, ferment l'horizon. On y monte par un escalier de roc, où les chevaux et les mulets trébuchent. Cette forteresse naturelle est imprenable tant que ceux qui la tiennent n'ont pas brûlé leurs dernières cartouches.

Au faîte, sur l'étroit terre-plein qui tout de suite rompt à pic, une douzaine de masures kabyles sont groupées comme des alvéoles de ruches. La plus propre de ces maisons, la plus fraîchement reblanchie, est la maison d'Arezki.

Nous nous étions hâtés pour ne pas donner l'éveil, aussi ses habitants ne l'avaient point désertée. La femme était là avec ses deux enfants : une jeune fille, un petit garçon.

Ce qui me frappa tout d'abord, quand la lumière de la porte ouverte vint éclairer ce logis sans fenêtres, ce fut la propreté méticuleuse. A droite, à mi-hauteur de la masure, des nattes étaient étendues sur le plancher en étagère qui servait de lit. A gauche, sept ou huit jarres monumentales conservaient les provisions d'hiver. Dans un coin, il y avait un meuble dont les tiroirs fermaient à clef. Quelques tisons fumaient au milieu de la pièce, dans un foyer qui n'était qu'un trou.

La femme d'Arezki va sur ses trente-trois ans. Sa beauté fut célèbre dans la montagne. Elle passe pour en avoir fait largesse; à présent, elle en trafique pour vivre. C'est une créature de race. Une demi-maigreur a conservé de la pureté à ses lignes. Elle était vêtue avec quelque recherche. Ses bandeaux, bien noirs, soulevaient la coiffure de foulard rouge et jaune. Une mousseline semée de trèfles rouges la vêtait d'un surplis d'enfant de chœur. Une large ceinture rouge marquait la taille ; deux broches d'argent, réunies par une chaînette, rassemblaient l'étoffe sur la poitrine.

L'expression et les traits, les yeux de montagnarde habitués à cligner sous le soleil, rappellent l'oiseau de proie. De légers tatouages au front et au menton rompent seuls la pâleur de la figure, le ton de cire vierge, également étalé sur les joues, le cou, les bras et les pieds nus.

Cette femme ne laissa paraître ni curiosité ni inquiétude. Comme elle voyait que mes regards allaient du côté des jarres, elle les frappa du revers de sa main, elle les fit résonner pour me montrer qu'elles étaient vides. Puis, tranquillement, elle s'assit, ses jambes repliées sous elle. Elle attendit qu'on l'interrogeât.

Je lui dis:

— J'ai vu ton mari après le procès. Je lui ai apporté ton portrait. Il n'a pas voulu te reconnaître. Il a dit que tu étais plus jolie que cela. Et aussi il s'est plaint de ne pas avoir revu son enfant. Pourquoi ne lui as-tu pas envoyé son fils?

Elle me fixa avec un reflet de la haine qu'elle porte à son mari, puis dit simplement:

(Mais je ne puis écrire ici le mot de muraille rapporté dans cette solitude par quelque tirailleur en congé.) Supposons qu'elle ait dit seulement:

— Malédiction fellas! (c'est-à-dire sur lui).

Je demandai à la jeune fille :

— Et toi, tu ne désires pas parler à ton père ?

C'était une enfant d'une douzaine d'années. Elle ressemblait à Arezki d'une façon criante. Elle avait sa tête enfoncée, presque sans cou, dans les épaules larges.

La mère ne lui donna pas le temps de répondre. Elle répéta :

— Elle dit : Malédiction fellas !

Pas un trait de la fillette, pas un trait du petit garçon ne bougèrent. Il sembla que ni l'un ni l'autre ne comprenait ces paroles trop claires. La femme les prononça sans colère, avec un mépris hautain, presque distingué. Cela ressemblait au coup de bec d'une bête fière et qui, liée, ne veut pas qu'on la touche.

Et vraiment celle-ci n'était pas une mégère. Elle manquait de pain ; pourtant, quand je lui proposai de lui acheter les agrafes d'argent qui attachaient son haïk sur la poitrine, elle répondit avec un sourire subitement gracieux, presque enfantin :

— Comment veux-tu que je te vende cette boucle ?... C'est moi-même !

Elle s'en parait déjà dans la maison de son père. Elle l'avait emportée en dot le jour de son mariage avec cet homme dont elle attendait impatiemment la mort, de peur qu'il ne survînt et qu'il ne la tuât, cet homme dont elle nous dit, avec un dédain où nous pouvions prendre notre part :

— Il n'a rien fait de bon dans la forêt.

On me dit dans le pays qu'Arezki avait tourmenté cette femme et que la haine de la malheureuse était légitime. En tout cas elle fut implacable. Du haut de Bouhini elle aura contemplé l'exécution d'un œil sec.

Pour Arezki, il eut sur la fin de son procès une minute de sincérité. Quand, après le suprême verdict qui, pour la troisième fois, le condamnait à mort, on permit aux parents d'approcher une seconde des prisonniers, il vit le fils d'Abdoun, des amis, d'anciens camarades s'empresser autour de ses compagnons, leur apporter des consolations, recueillir leurs volontés dernières. Personne n'était venu pour lui. Alors les larmes lui montèrent aux yeux et il murmura :

— Moi aussi, j'ai un fils.

Et une seconde, autour de cette tête où avaient germé tant de décisions féroces, flotta la mélancolie des abandons.

XXXIV

— Arezki ? La loi kabyle le condamne à mort...
Il a tué le jour et la nuit... il a dépouillé ses frères...
il leur a pris leurs troupeaux, leurs vies, leurs
femmes. Si tu ne le frappais pas, on te dirait :
« Décidément, les roumis veulent nous obliger à
nous venger nous-mêmes. Ils trouvent que c'est
assez, quelques années de prison, pour payer le
meurtre d'un indigène. C'est cela généralement que
tes jurés donnent. Et puis, l'homme revient au
pays, dans le village ; tous les jours, il se retrouve
en face des parents du mort. Qu'est-ce que tu dirais,
toi, à leur place ? Tu as des enfants ? Que ferais-tu
si on te tuait un de tes fils... si pour cela on mettait
le meurtrier un peu en prison... et si on te le ren-

voyait, à regarder, à rencontrer, tous les jours? Tu ne le supporterais pas. Tu prendrais un fusil, tu te vengerais. Il faut, vois-tu, que tes jurés soient sévères pour les Kabyles qui tuent leurs frères. Il faut qu'ils donnent du sang pour le sang, ou bien on attendra la fin de leur justice, et puis on s'acquittera et on prendra la forêt, comme Abdoun ».

Était-il bien nécessaire que l'on fît tomber la tête de celui-là? Ceux qui pensent qu'une justice particulièrement scrupuleuse est due aux vaincus par les vainqueurs souhaiteront que la morale de cette mort ne soit point perdue. Quand l'intérêt bien entendu est d'accord avec la pitié, il semble que les réformes devraient être faciles.

La dramatique aventure de cet Abdoun, dont la tête a été jetée avec une poignée d'autres sur la place d'Azazga, fait pendant à la comédie que l'unique élève de Bouzezga jouait avec son instituteur dans l'aquarium universitaire. Car si l'une démontre la nécessité de modifier en Algérie les programmes de l'instruction publique, l'autre prouve que la nécessité d'une réforme de la procédure criminelle est encore plus urgente. A quoi sert-il, aussi bien, d'éclairer l'intelligence des indigènes, tant que nous n'aurons pas renouvelé nos procédés de justice? Le bon sens de ces primitifs nous juge avec une sévérité déjà trop clairvoyante.

L'histoire d'Abdoun est tragique comme ces poèmes de fatalité antique qu'Eschyle nous a contés. On y sent la main d'un Dieu malfaisant, acharné à la perte d'un homme. Le destin est dans la coulisse du théâtre ; il règle les actes, il impose les gestes, il conduit l'homme bandé jusqu'au bord de la trappe où il finit par l'engloutir.

Donc il y avait dans un village kabyle deux familles rivales, deux çofs antiquement ennemis : les Achabo et les Abdoun. On sait maintenant ce que c'est qu'un çof. Je n'y reviens pas ; mais ce qu'on ne peut imaginer, si l'on n'a pas habité ces sociétés primitives, c'est la terreur dans laquelle le parti qui domine fait vivre ses adversaires. Tout est bon pour les écraser : les dénonciations calomnieuses et les amendes. Dans le village dont je parle, l'autorité était momentanément aux mains des Achabo. L'amin avait été choisi parmi eux.

Abusa-t-il de son pouvoir et de l'absence de contrôle pour tourmenter jusqu'à l'exaspération la famille rivale ? On peut le croire, car le meurtre d'un « berger de village », d'un fonctionnaire nommé par l'autorité française, est devenu un accident rare en Kabylie. Quoi qu'il en soit, un jour que l'amin des Achabo se rendait à un marché, il reçut au passage d'un col un coup de feu mortel. Ramassé par les siens, il désigna, avant d'expirer, un client des Abdoun, comme son meurtrier. C'était un personnage de médiocre importance. Les parents de l'agonisant auraient trouvé en lui une victime trop maigre. Ils s'entendirent pour accuser de l'assassinat l'homme qu'ils redoutaient le plus au monde : le chef du çof ennemi. Ils le firent arrêter, traduire en cour d'assises, ils l'accablèrent de tant de témoignages, que Mohamed-Abdoun fut condamné à mort malgré ses protestations.

La sentence prononcée, on s'avisa que les dépositions concordaient trop exactement ; cela jeta un doute dans l'esprit des honnêtes gens qui ont quelque expérience des mœurs indigènes. Le dossier d'Abdoun arriva bien recommandé devant la commission des grâces, et l'homme qui déjà se préparait à monter sur l'échafaud apprit un matin que sa peine était commuée. On l'envoyait à Cayenne.

Comme il avait décidé de se venger de ses accusateurs, il y vécut ; il guetta son heure ; il s'évada sur une barque chinoise qui croisait le long de la côte. En ce temps-là on travaillait encore au canal de Panama. Abdoun y fut débarqué par ses sauveurs. Il prit une pelle ; il travailla, jusqu'au jour où il eût amassé une somme suffisante pour gagner l'Europe. La France était dangereuse pour lui. Il passa en Angleterre.

Ce n'était que la première étape de son voyage. Il

voulait rentrer en Afrique. Donc, comme il avait pioché à Panama, il piocha dans le tunnel de la Tamise. Il respira les brouillards fétides, la fumée des chemins de fer, vivant d'eau et de pain. Chaque shilling gagné lui rendait l'espoir.

Quand il eut gagné de quoi payer son voyage à bord d'un navire, il s'embarqua pour le Maroc. Là, on perd sa trace. On ignore s'il traversa secrètement l'Algérie ou s'il passa par le sud. On sait seulement que, un jour, le bruit se répandit en Kabylie qu'Abdoun venait de reparaître dans la forêt. Quelques semaines plus tard, un de ses principaux accusateurs tombait sous sa balle.

Il avait décidé de tuer, l'un après l'autre, tous ceux qui avaient faussement témoigné contre lui. Il vint se joindre à la bande d'Arezki, afin de poursuivre avec des forces décuplées la suite de ses vengeances. Il savait qu'un des faux témoins habitait un village où il était protégé par tout son çof. Il décida de le surprendre de nuit, dans sa maison, et de le faire tomber, lui et les siens, dans un brusque assaut, sous la fusillade.

Un homme de la bande prétendait connaître ce gîte: il se chargea de le désigner. On se glissa en rampant autour de la maison; soudain, les flammes de l'incendie et les hurlements des assiégés s'élevèrent. Ils voulurent s'élancer au dehors; mais comme ils se jetaient dans la fumée, la décharge des bandits les reçut. Du haut d'une ruine, Abdoun assistait au massacre.

Une heure plus tard, il sut qu'on l'avait trahi. L'homme qui avait désigné la maison voulait exercer contre ses habitants une vengeance particulière. Il avait trompé son maître. On avait fait périr des innocents.

Abdoun fit comparaître le traître qui avait égaré ses coups.

Il prononça :

— Tu nous as déshonorés.

Et, de sa main, il lui brûla la cervelle. Quelques jours après, il était pris.

L'émotion fut vive à Alger quand le bruit se répandit qu'Abdoun avait été envoyé injustement au bagne, qu'il existait un dossier confidentiel où son innocence était affirmée. Les jurés en furent si impressionnés qu'ils refusèrent de condamner à mort ce héros de vengeance. Abdoun avait affirmé qu'il était venu se placer en embuscade pour tuer, à coups sûr, l'homme qui l'avait perdu. Ils ne tinrent pas compte de ses déclarations. Ils affirmèrent que l'évadé de Cayenne avait agi en état de légitime défense ; ils crurent à la sincérité de l'accent avec lequel de son banc, il cria à un Achabo qui lui imputait le meurtre du vieil amin :

— Tu m'as vu ?... Toi ?... Tu mens !... Tu serais mort de peur !

Cette tardive clémence devait rester vaine. Si l'on faisait grâce à l'homme qui s'était vengé, comment pardonner à celui qui avait commandé l'incendie d'une maison et le massacre de ses habitants ?

Il fallait qu'Abdoun allât à la mort. Il la souhaitait. Je le vis dans sa prison; je lui proposai de plaider en sa faveur auprès de ceux qui détiennent la grâce. Il me remercia. Il me dit :

— Que voulez-vous qu'ils fassent ? Ils me renverront à Cayenne. J'aime mieux...

Et sa main, sur son cou, indiquait le passage du couperet.

Il est en paix, maintenant, après tant de vicissitudes. Mais nous autres, les conquérants, les civilisés, les juges, qui l'avons frappé contre notre gré, dans l'intérêt de la chose publique, pouvons-nous oublier cette dernière parole qu'il prononça avant de monter sur l'échafaud, tandis qu'autour de lui le çof des Achabo poussait des cris de joie :

— La justice française n'est pas juste...

Négligerons-nous cette prière qu'il adressa au plus haut représentant de la loi, le jour où il connut son destin :

— Je te recommande mon fils... Et, tu le sais, la dernière volonté d'un mourant est sacrée...

XXXV

Je n'espère pas que ces pages et celles qui vont suivre donnent grande satisfaction aux colons électeurs, ni aux colons étrangers, ni à la députation coloniale, ni aux divers ministères qui, de Paris, par-dessus la mer, administrent l'Algérie comme une banlieue. Mais, quoi ! « Vous avez mécontenté tout le monde, — écrivait Leconte de Lisle dans ses notes inédites, que j'ai feuilletées l'été dernier, — vous avec mécontenté tout le monde : il y a des chances pour que vous ayez dit la vérité. »

Je ne l'apporte pourtant pas tout entière. Je garde par devers moi, pour une heure plus propice, tant de lamentables histoires, qui, inutilement, sèmeraient dans l'opinion publique la défiance ou la haine. Il y a une phrase que Chateaubriand a écrite dans la préface de son *Génie du christianisme* et qui devrait servir de règle à tous les honnêtes gens : « Partout où je l'ai pu, j'ai tendu la main à l'infortune ; mais je ne comprends rien à la prospérité : toujours prêt à me dévouer aux malheurs, je ne sais point servir les passions dans leur triomphe. »

Je devais cette explication à ceux qui, m'ayant vu autrefois attaquer certaines franc-maçonneries, ne trouveront pas dans ce livre une seule phrase qui accuse la néfaste et dissolvante action du juif en Algérie. Je suis de ceux qui de tout leur cœur souhaitent la fusion des races, la vraie fraternité. Ma seule inquiétude est que l'égoïsme des juifs algériens ne déchaîne un jour de redoutables représailles qui peut-être auraient du retentissement en Europe, et qui feraient reculer la civilisation d'un grand pas.

Je ne cherche pas un biais pour rentrer dans mon sujet ; je m'y meus en plein. En effet, parmi les députés qui, à cette heure, représentent dans le parlement français les colons algériens, quelques-uns sont exclusivement les élus de la clientèle juive. Cet hiver, je les ai vus en lutte avec des villes ameutées. J'ai admiré leur caractère, le courage moral et physique avec lequel ils tenaient tête à orage. Mais dans le moment même où je sentais croître mon estime de batailleur pour tel d'entre eux auquel m'unissent des liens personnels d'amitié, je ne pouvais m'empêcher de songer que le zèle passionné, impitoyable, avec lequel ces hommes de parti ont soutenu les intérêts de leur clientèle, a semé dans ce pays des ferments de désorganisation, de haine et de terreur qui compromettent les intérêts supérieurs de la France.

Quelles libertés ne prendra-t-on pas avec les fonctionnaires de tout ordre, avec les humbles, avec ceux qui n'ont que leur place pour vivre, pour élever une famille, des enfants, quand un représentant de la députation coloniale a bien osé dire à l'un des premiers magistrats de la cour d'Alger :

— Monsieur, vous n'êtes pas de nos amis.,.

— Mais, monsieur le député, je ne suis pas un homme politique, je suis un homme de justice. Je juge selon ma conscience...

— Vous ne faites que répéter ce que j'ai dit. Vous parlez de votre conscience ? le jour où, pour me faire plaisir, vous mettrez cette conscience-là de côté, ce jour-là vous serez mon ami.

Peu importent les noms des deux interlocuteurs. On n'en trouvera pas dans ces pages. Je n'y fais pas de polémique individuelle. Je raconte ce que j'ai vu et ce que j'ai entendu, avec les alternances de mélancolie, de découragement, d'indignation et d'espoir d'un honnête homme, qui, sur cette terre algérienne où nous avons tant peiné, voudrait voir les vrais Français récolter l'effort de leurs pères.

XXXVI

Combien sont-ils en Algérie, ces gens de notre sang

On y compte bien juste deux cent cinquante mille citoyens français. L'autre catégorie se décompose en cent cinquante mille Espagnols, quarante mille Italiens, quarante-sept mille Israélites indigènes, quatorze mille Anglo-Maltais et environ treize mille Européens de diverses provenances.

Les mœurs de ces populations sont aussi diverses que les races. Quand nous avons cherché des débroussailleurs pour désoucher nos terres vierges, ce sont des Espagnols qui sont venus s'offrir. C'est un fermier espagnol, Quéco, élevé par les Mahonnais d'Hussen-Dey et de Fort de l'Eau, qui a créé notre potager le long de l'Hamiz. C'est un Espagnol qui a l'entreprise du camionnage entre la ville et nos campagnes perdues. Sur les grandes routes, à travers champs et ravins, il conduit un équipage d'une vingtaine de mules. Tous les soirs à la tombée de la nuit, nous apercevons dans les montagnes qui nous entourent comme un cercle de feu. Ce sont des Espagnols qui fabriquent du charbon avec de vieilles souches. Deux par deux, parfois isolés, ils se bâtissent en montagne un gourbi de branchages et de terre mouillée. Ils vivent à des hauteurs, sur des pentes, où les indigènes hésitent à s'installer. Aussi l'Arabe qui trouve dans cet Européen un concurrent aussi endurant que soi-même, aussi sobre, plus laborieux, se venge par des sarcasmes :

— L'Espagnoul quifquif une chèvre! disait l'autre jour Négro avec la volonté d'humilier les défricheurs de notre brousse.

Il n'aime pas non plus les Italiens qui pullulent le long des côtes des provinces d'Alger et de Constantine, aussi nombreux que les Espagnols sur le territoire oranais. Ces gens du littoral s'adonnent volontiers à la pêche. Je retrouve ici les hommes, les barques, les voilures dont j'ai fait connaissance sur les plages de Borgdihera et de San-Remo. Le poisson est de même race, les fonds sensiblement pareils; aussi les pêcheurs normands et bretons, que l'on a fait venir pour remplacer en Algérie l'élément étranger, ont-ils été tout désorientés quand on les a placés dans ce cadre nouveau. Aux difficultés du milieu s'ajoutaient la résistance des étrangers. Ceux-ci voulaient demeurer les maîtres du marché. Ils ne se contentaient pas de rompre les filets des nouveaux venus, de détruire leurs engins de pêche. M. le gouverneur général m'a conté qu'il dut intervenir en personne afin d'obtenir que, dans les halles d'Alger, on abandonnât à ses protégés un étal pour vendre leur poisson. En cette occasion, comme dans bien d'autres, on a senti une opposition secrète, mais décidée, des occupants du sol, pour ce qui vient de France.

Les Italiens qui ne tirent pas le filet manient la truelle. C'est eux qui ont bâti notre maison et notre ferme. Terrassiers et maçons, ils exécutent la plupart des grands travaux publics. Ils ne sont pas aussi endurants que l'Espagnol, mais ils supportent mieux la fatigue que le Français. Surtout ils sont plus économes, plus sobres. Que de fois, à l'heure des repas, je suis allé rôder du côté des ouvriers. Espagnols et Italiens se contentaient d'un peu de fromage, d'un rond de saucisson, d'une poignée d'olives, d'un oignon, d'une petite soupe. Ils se désaltéraient au puits. Au contraire, il fallait au journalier français de la viande, des légumes, sa bouteille de vin, souvent sa « goutte ».

Cette inégalité dans la sobriété et dans l'économie met le journalier français dans un fâcheux état d'infériorité. A juger par les exemples que j'ai sous les yeux, jamais je ne conseillerai à un Français qui n'a que ses bras à louer de venir tenter la chance en Algérie. Il sera presque infailliblement évincé par des étrangers, adaptés au climat, qui résistent mieux que lui à l'insolation, à la fièvre et à la soif.

Cette concurrence entretient, entre Français et étrangers, des haines vivaces. Elles éclatent brusquement, elles couvent toujours. Ainsi, tout récemment, des Espagnols de la province d'Oran ont profité des libertés du carnaval pour prendre avec le drapeau français des licences qui ont failli provoquer une bagarre. L'autre jour, j'ai trouvé l'Arba sur le pied de guerre. Un jeune colon français venait d'épouser une des jolies Espagnoles qui pullulent dans la région. Montaigus et Capulets étaient en rumeur. Aucun membre des deux familles n'avait voulu assister à la noce.

Les Italiens ne sont guère plus disposés à s'unir avec nous dans des mariages. Je contais tout à l'heure comment ils ont fait partir les pêcheurs français que l'administration avait installés dans des villages du littoral. Ils sont des voisins dangereux et, encore qu'ils aient fourni à la colonie beaucoup de travailleurs honnêtes, l'Algérie sert de refuge à plus d'un mauvais garçon, qui juge prudent de mettre la mer entre sa personne et les carabiniers du roi Humbert.

Je me souviens d'avoir rencontré, il y a quelques années, le cardinal Lavigerie dans la région de Biskra : sans rétribution, il faisait travailler à ses forages des compagnies d'Italiens :

— Ce sont, me dit-il, des garnements. Ils ont des peccadilles de poids sur la conscience, des péchés réservés. Ils viennent me demander l'absolution. Je ne leur impose pas des pénitences de prière. Je leur dis : « Tu te repens vraiment ? Prends une pioche... Toi je te condamne à huit jours de chantier, toi à dix jours. » Je récompense les gens de bonne volonté avec des indulgences.

Or l'Algérie jouit, en matière de naturalisation, d'un régime spécial. Il a été établi par un sénatus-consulte du 14 juillet 1865 et par un décret du 21 avril 1866. Aux termes de ce code spécial, l'étranger qui justifie d'une résidence de trois années en Algérie peut être admis, sur sa demande, à jouir des droits de citoyen français. La loi du 26 juillet 1889 sur la nationalité n'a rien changé aux dispositions organiques du sénatus-consulte. Elles l'ont complété en imposant la qualité de citoyen français à tout individu « né en Algérie d'un étranger qui lui-même y est né », ainsi qu'aux jeunes gens qui, « nés en Algérie de parents étrangers et domiciliés en Algérie, ne déclinent pas la qualité de citoyen français dans l'année qui suit leur majorité ».

De ces chefs divers, la population coloniale a grossi de 19467 colons en dix-huit ans. Les Alsaciens-Lorrains qui, pour reconquérir leur qualité de Français, viennent servir dans la Légion étrangère, représentent 34 pour 100 de ces naturalisations. On se félicite, avec une joie patriotique, de voir la population algérienne s'accroître de pareilles recrues. Mais n'est-il pas un peu inquiétant de constater que les Italiens, qui sont nos rivaux sur toute cette côte africaine, représentent tout seuls 33 pour 100 du total des naturalisations[1] ? On se demande, avec une nuance d'inquiétude, quel peut être, dans le cœur de ces nouveaux citoyens, la solidité du lien qui les unit à la métropole. Leur intérêt particulier est leur seul guide. Ils ne savent nul gré à la France de ses efforts anciens ; ils n'ont point de principes supérieurs à leurs intérêts immédiats. Ils devraient être soigneusement écartés des fonctions publiques, où ils apportent un égoïsme cynique, des passions de race, des tyrannies de çof. Je pourrais citer le nom d'une ville où l'on a ouvertement combattu la

---

1. Anglo-Maltais : 3 pour 100 ; Belges : 3 pour 100 ; Suisses : 3 pour 100 ; Espagnols : 17 pour 100.

candidature d'un citoyen honorable « parce qu'il était Français ». M. Burdeau avait observé avec chagrin cet état d'esprit des métèques élevés au grade de citoyens. Il a dit, dans une heure de clairvoyance mélancolique :

— Le jour où l'Algérie pourra se passer de la France et réclamer son autonomie, nous aurons dans la Méditerranée un ennemi de plus.

M. Burdeau regardait au delà de l'horizon. A supposer qu'il ne soit point chimérique, le péril qu'il signale est lointain encore. D'autre part, la lecture des statistiques impose cette certitude : les préjugés de race qui pourraient s'effacer dans les métissages se fortifient au contraire d'année en année. En 1891, on relève 493 mariages entre Français et étrangères ; 197 entre étrangers et Françaises ; en 1892, ces mariages mixtes tombent à 400 et 239 ; en 1893, ils ne sont plus que de 376 et 136. Entre Européens et juives indigènes, on n'enregistre que vingt mariages en trois ans. Entre musulmans et juives, pas un seul.

L'Algérie est vouée, pour longtemps encore, au préjugé des races.

XXXVII

Mais l'influence du milieu est telle que, malgré ces haines toujours vivaces, il se forme un type d'homme algérien. J'ai eu l'occasion de constater que les moutons, les chevaux, les bœufs importés de France dégénèrent avec une surprenante promptitude. Nos bêtes de trait, pesantes, à la croupe doublée, sont méconnaissables après quelques années d'acclimatation. Elles évoluent nettement vers le type local. L'homme n'échappe pas à ces influences. Sans doute, les statistiques de mariages renseignent imparfaitement sur le penchant que ces races ont, obscurément, les unes vers les autres, et sur les métissages qu'elles produisent sans contrôle. Le joyeux refrain que les petits Italiens et les bruns

Biskris chantent autour des tables de café, en cirant les bottes, est un document que ne doit pas négliger un ethnographe jaloux de saisir la vérité tout entière :

> Paing, Paing [2],
> Voilà Paing, Paing,
> Voyez comme il est bieng.
> Sa femme il est zolie,
> Il ne manque de rieng.

Tout ici favorise l'attrait auquel les individus (alors même qu'ils professent à découvert tous les préjugés de leur race particulière), cèdent dans le secret de la passion ou du caprice. La solitude, l'absence de surveillance, l'ardeur du climat sont les complices du vertige universel. Les 5734 enfants naturels qui sont nés dans ces trois dernières années représentent une phalange de métis où tous les sangs se mêlent. Et je n'étonnerai personne en supposant que ces enfants de l'amour ont quelques cousins germains tapis dans les mariages.

Si important que soit ce facteur pour l'établissement du type local, je crois bien que c'est encore le milieu qui, ici, a l'influence la plus nette. Il favorise l'apparition d'un individu de taille moyenne solidement musclé. Les signes caractéristiques du sexe (largeur des épaules chez l'homme, des hanches

---

1. Peppo, Joseph.

chez la femme) sont nettement en relief. Les yeux, très bruns, ont plus d'éclat que d'expression. Le cheveu va du brun au vrai noir, la peau est olivâtre, Ces métis ont l'instinct du négoce, mais une surprenante paresse intellectuelle. Ceux qui sont nés dans les grandes villes n'en sortent point. On a la surprise de constater que des jeunes gens de vingt ans, qui n'ont jamais passé la mer, n'ont point davantage circulé en Algérie. Ce n'est pas seulement l'argent, mais le goût de tout effort qui manque. On ne sait rien des mœurs de ces indigènes que l'on frôle quotidiennement. On se contente de répéter à leur sujet des jugements tout faits où se soulage l'orgueil du conquérant et l'incuriosité de l'esprit. On n'a même pas pris la peine d'apprendre la langue qui ouvrirait les marchés, assurerait les gros bénéfices dans toutes les transactions. De ce qui se passe en France, nul souci. Les libraires d'Alger nous font là-dessus des confidences désolées. L'achat de journaux où les dépêches sont habilement groupées, et qui donnent satisfaction au lecteur, les uns en lui épargnant toute peine, les autres en amusant son oisiveté par la violence méridionale des polémiques, suffit à la nourriture intellectuelle.

Il semble que l'on ait un goût plus vif pour la parole que pour le livre; et, en effet, les conférences se succèdent à Alger pendant tout l'hiver. Ce ne sont point les seuls touristes et les fonctionnaires venus de France qui les suivent. Il importe cependant que ces causeries soient gratuites. L'Algérien viendra à ces rendez-vous par désœuvrement; le plaisir qu'il y goûte n'est pas assez vif pour le déterminer au plus léger sacrifice d'argent.

L'instinct que cet homme nouveau a pour les affaires est, m'a-t-on dit un peu délesté de scrupules.

La rareté de l'argent, la fréquentation quotidienne des sémites et des Levantins ont eu sur les mœurs commerciales de l'Algérie une influence fâcheuse. Ces rouerics, jointes à la légèreté des femmes, sont d'ailleurs une tare de toutes les sociétés neuves que ne discipline pas encore la règle d'une opinion publique. Il y aurait de l'injustice à en faire aux Algériens d'Algérie un grief personnel. Avec le temps, ils apprendront que l'exactitude de la probité dans les transactions commerciales est un acte d'intérêt bien entendu. L'exemple des Chinois est là pour démontrer cette vérité pratique à ceux qui vivent sans idéal de moralité. La guerre sino-japonaise a démontré l'ignominie du monde chinois; cependant, tous ceux qui ont fréquenté l'Extrême-Orient sont d'avis que les plus honnêtes manieurs d'argent que l'on y coudoie sont tout justement les banquiers chinois. On ne peut attribuer un autre

13.

motif à leur élégante probité que l'intelligence supérieure de leurs intérêts.

Devant cette indifférence de l'autochtone pour la vie intellectuelle de la métropole, on regrette que l'installation d'une faculté à Alger ait dispensé la jeunesse travailleuse de traverser la Méditerranée, pour venir prendre contact avec la France. A supposer qu'il fut urgent d'enseigner en Algérie le droit musulman, d'éduquer, sur place, de jeunes médecins qui formeront les cadres du service médical, (il est assuré dans l'intérieur par l'administration elle-même), on ne peut que déplorer l'installation des cours de science et des cours de belles-lettres. Chacun sait à Alger que les professeurs s'entendent pour suivre les leçons de leurs confrères et pour leur procurer ainsi ce minimum d'auditeurs qui assure l'existence des cours. Ne vaudrait-il pas mieux renoncer à cette fiction, et, puisque l'Université est riche, charger de missions les hommes de talent qui souffrent, tous les premiers, de recourir à ces expédients? La besogne ne leur manquerait point en Algérie : l'histoire de la conquête romaine est encore à écrire. Et ce n'est pas seulement l'érudition, mais la politique, l'agriculture, l'élevage, qui profiteraient des découvertes de ces savants.

XXXVIII

Je crois que pour parler de chacun selon ses mérites, il convient de distinguer soigneusement l'immigrant français du métis dont je viens de tracer la silhouette.

En Algérie, les immigrants français sont fonctionnaires, employés, commerçants, surtout agriculteurs. C'est à cette dernière catégorie que l'on donne généralement le surnom de colons, bien que, dans l'espèce, elle s'applique particulièrement aux concessionnaires de terres domaniales. Si peu nombreux qu'ils soient (exactement 271101 en face de 3554607 indigènes, de 47564 israélites et de 233910 étrangers), ils constituent à eux seuls ce qu'on peut appeler « le pays légal ». Tous les corps élus émanent de leurs votes ; seuls, par l'organe des sénateurs et des députés, ils peuvent faire parvenir jusqu'au parlement l'expression de leurs doléances et de leurs volontés. Dans cette situation privilégiée, ils deviennent la principale, sinon l'unique, préoccupation des pouvoirs publics. De là, la jouissance d'immunités qui leur ont fait des envieux; les principales sont : la réduction à un an du service militaire; un régime d'impôts qui semblent plus légers que les charges imposées aux citoyens de la métropole.

Je dis « semblent », car les affirmations les plus contradictoires se sont produites dans la Chambre et dans le Sénat sur ces matières délicates. Selon les uns, les Européens d'Algérie seraient déchargés de tout impôt; selon les autres, ils payeraient en moyenne « cent francs par tête ». Dans ce désaccord, je me suis renseigné auprès des personnes compétentes.

On m'a déclaré :

— Volontaire ou non, cette contradiction provient d'une confusion entre les impôts directs et les impôts indirects. Il est sûr que l'Algérien français ne paye pas les impôts directs en vigueur dans la métropole. Il ne supporte ni l'impôt foncier, ni la cote personnelle et mobilière, ni l'impôt des portes et fenêtres, etc. Commerçant, l'impôt des patentes est la *seule taxe* qu'il verse entre les mains de l'État. Au département, il ne paye *rien*. Aux communes, il redoit une taxe de trois pour cent sur son loyer, des prestations sur les chemins vicinaux, la taxe des chiens. Enfin, il supporte des impôts indirects, à savoir : au profit de l'État, les droits d'enregistrement, de timbre, de douane; au profit des communes, les tarifs d' « octroi de mer ». Le total de ces charges est certainement plus léger que la somme des impôts payés par le contribuable métropolitain.

Cette inégalité dans les traitements auxquels sont soumis des personnes aussi différentes qu'un colon et un Français du continent a été plus d'une fois signalée avec aigreur dans le parlement. Les représentants et les amis de l'Algérie ont répondu que la prospérité de la colonie est encore fragile. Ils ont parlé de sa dette, qui est considérable; ils ont affirmé que l'on compromettrait l'avenir de l'arbre en cueillant trop tôt ses fruits.

En ajoutant à mon expérience personnelle les clartés de ceux qui s'élèvent des intérêts particuliers à la vue de l'ensemble, je crois que je puis prendre un parti dans ce débat. J'ai visité trois fois la province d'Afrique, et tout d'abord j'ai accompli avec d'aimables touristes ce que l'on appelle ici la « promenade des fourmis ». Les caravanes parlementaires n'en font pas d'autres. Les étapes en sont réglées ; le cadre et les acteurs ont été cent fois décrits. C'est la plaine merveilleuse de la Metidja, les coteaux du Sahel, les environs de Bône et de Philippeville, le littoral de Bougie, l'inoubliable Défilé de la Mort, les pâturages de Guelma, les vignobles du département d'Oran. On vous montre ces merveilles dans la bonne saison, au printemps ou après les premières pluies. On voit se dérouler des terres fertiles, de belles cultures industrielles. On trouve le sol en plein rapport. On admire l'excellence de l'outillage, l'aspect riant, parfois luxueux des constructions. Si l'on a pour chef de file quelque personnage intéressé à vous peindre sous de favorables couleurs la situation de la colonie, il vous fournira des statistiques d'exportation qui fortifieront cette impression de luxe et de bien-être. Mais le miracle d'efforts qui a payé ces prodiges n'apparaît pas aussi clairement. Il faut pour l'estimer à son prix, une sérieuse entente des choses agricoles. La vérité, c'est que cette victoire partielle a coûté formidablement d'argent, de sueurs et de vies. Elle a un envers : une dette considérable que la rareté de l'argent grève d'un intérêt presque usuraire.

Si au lieu de passer à travers ce décor au bras d'un cicerone, le touriste entrait dans un casse-croûte, s'il interrogeait le premier venu, on lui apprendrait que les propriétaires de ces beaux domaines ne sont plus, en réalité, que des gérants étranglés par leurs prêteurs. La récolte ne fait que passer par leurs mains pour aller fondre dans les caisses des sociétés de crédit. Et si le promeneur optimiste n'ajoutait qu'une demi-foi à ces propos, troublants pour sa quiétude, il faudrait lui conseiller de visiter le conservateur des hypothèques et de mettre le nez dans ses « sommiers ».

Pourtant la « promenade des fournis » ne suit que le chemin de la prospérité. Si l'on s'éloigne un peu du littoral, le tableau change à vue.

Je ne propose pas à ceux qui voudraient se former une opinion par eux-mêmes de monter sur les Hauts Plateaux ; — sans sortir de la banlieue d'Alger, sans pousser plus loin que le dernier relais des diligences qui partent de la place du Gouvernement, ils pourront visiter des centres de création récente où sont établis les concessionnaires de l'État. Nous verrons, au retour de cette visite, ce que sera devenu leur optimisme.

Encore est-il que ces villages en faillite se soutiennent par la proximité de la grande ville. En épuisant quelques paires de bœufs, ils peuvent apporter leur récolte jusque sur le marché. Mais cette ressource manque dès qu'on pénètre un peu plus avant dans l'intérieur.

XXXIX

Vous venez de parcourir quarante ou cinquante kilomètres à cheval à travers des territoires indigènes. Vous avez suivi des torrents, pris au plus court à travers des sentiers de brousse. Vous êtes perdu, car personne ne paraît pour vous indiquer votre chemin. Les gourbis sont invisibles, les jujubiers les cachent aux regards. Soudain, la grande route reparaît, et, avec elle, des traces de vie civilisée. On reprend courage, on rapproche l'éperon du flanc, une bourgade s'encadre dans un bouquet d'eucalyptus.

Le premier aspect de ces villages de colonisation est assez riant. Les rues sont bien tracées, larges et droites. Les édifices publics, la mairie, la justice de paix, la gendarmerie, les écoles, les lavoirs, les ontaines ont une gaieté de pierres neuves, des proportions monumentales. Il y a des places cernées d'arbres ; de l'ombrage sur toutes les grandes voies. Parfois même des ruisseaux rient en courant à travers des potagers. On a sur soi la fatigue de la route, la poussière, la brûlure du soleil. On étend à la durée l'impression de l'heure. On songe :

— Il ferait bon vivre ici.

Ce décor attrayant est l'œuvre de l'État ; mais si l'on y regarde d'un peu plus près, on s'aperçoit que les initiatives particulières sont moins brillantes. Quelques petits cubes de maçonnerie, presque des cabanes, servent de maisons aux colons. On réfléchit que l'on est sur un territoire d'exploitation rurale ; on cherche vainement des yeux des outils aratoires, des charrettes, des charrues. Il n'y a pas de hangars pour les abriter des pluies, pas d'étables pour faire stabuler les troupeaux, les bêtes de labour.

Vous descendez de cheval, vous vous asseyez sous le berceau d'un des innombrables casse-croûtes qui donnent au village l'aspect d'une cité de cabaretiers où chacun boit son fond en attendant la clientèle ; vous demandez au patron qui, avec un ventre gros comme ses confrères de France, vous apporte une gargoulette et la bouteille verte :

— Comment labourez-vous ? comment rentrez-vous vos récoltes ?

L'homme répond que c'est affaire aux « bicots » (traduisez aux indigènes). A part quelques exceptions qu'on vous nomme, les colons des nouveaux centres n'exploitent pas directement. Ils louent leurs terres à des khammès, les uns pour un prix fixe, les autres pour une part de récolte. Ceux-ci se contentent d'égratigner le sol avec leur charrue primitive ; leurs bœufs contournent les grosses pierres, les touffes de lentisques et de palmiers nains. On ne défriche pas, on ne fume pas, on finit de vider de sa fécondité une terre agonisante.

On devine qu'une concession ainsi exploitée ne fait pas vivre son propriétaire. Dans ces conditions, une étendue de trente-cinq hectares (c'est la surface moyenne des lots octroyés par l'État) rapporte au colon une somme qui varie entre quatre cents et mille francs. Ce n'est pas de quoi subvenir à l'entretien d'une famille. De là les emprunts rapidement suivis de l'expropriation. On peut dire qu'elle épargne bien juste *un quart* des habitants. Ces survivants végètent, et leur existence s'écoule à mendier des agrandissements pour eux-mêmes, à réclamer pour leurs enfants des concessions nouvelles.

Quelles sont les causes de ces misères ? Les colons algériens sont-ils réellement ces paresseux, ces buveurs d'absinthe que les détracteurs de l'Algérie dépeignent si volontiers ?

Sans doute on rencontre dans la colonie beaucoup d'indolents et d'intempérants. Peut-être la proportion est-elle plus forte qu'ailleurs, car si les pays nouveaux attirent les caractères vigoureux, s'ils fascinent les énergiques, ils exercent aussi leur attrait sur les esprits inquiets et sans persévérance. Mais ces défauts de quelques-uns ne sauraient expliquer l'insuccès de toute une population, dont la seule persistance dans un milieu difficile atteste les ressources de courage.

Vraiment ceux qui n'ont pas reçu du ciel par faveur particulière les dons de compréhension et d'indulgence devraient bien voyager. Dieu sait qu'on déclame chez nous contre l'intempérance des gens du Nord. Les statistiques sont là pour accuser leur vice. J'ai, pour ma part, des prétentions à la sobriété. Je me souviens pourtant que, à près quelques mois de séjour en Norvège, il me fallut recourir, comme les autres, à la bouteille d'aquavit, quand je voulais produire, avec un peu d'entrain, une besogne cérébrale. Sans le secours de l'alcool, je passais sept ou huit heures pénibles sur un travail d'esprit, que, d'ordinaire, j'exécute en quatre ou cinq, avec plaisir. Je savais bien qu'il n'y avait pas d'inconvénient à me permettre l'usage d'un excitant, puisque je ne voulais lui demander qu'un secours passager. Mais que serait-il advenu de ma tempérance, si, exilé pour toujours en Norvège, j'avais prétendu y acclimater mes habitudes de travail ?

De même, après un rude assaut des fièvres paludéennes, gagnées au mois d'août dans l'oasis d'Ouargla, j'ai connu les abattements, l'écroulement de tout l'être qui suivent ces crises épuisantes. Seul, la kola pouvait alors me donner la force de me mouvoir. Quiconque a passé par cette épreuve sait que les excitants vous rendent momentanément la vie. Comment ne pas excuser après cela des colons minés par la fièvre des défrichements ? Presque fatalement, ils recourent au seul excitant qui soit à leur portée, à l'absinthe. Elle les arrache pour une heure à cet abattement du corps et de l'âme dont ceux-là ne peuvent pas se faire une idée qui n'ont point passé par cette souffrance. Elle leur donne la force de se lever, d'aller au champ, d'accomplir quelque besogne dont à jeun ils ne se sentent pas capables. Si l'on ajoute que l'arome de ce poison fait supporter au palais la tiédeur des eaux de tonnelet, qu'elle rectifie le goût affreux des eaux de guerba, on comprendra que le péché des colons algériens a quelques excuses, et que les tempérants des climats modérés, dont nous sommes les hôtes, ne sauraient les juger sans témérité.

XL

L'insuccès de la colonisation officielle tient à des causes indépendantes de la volonté des colons. La première, la plus générale, c'est l'insuffisance de ce capital que l'on nomme « de premier établissement ».

Que signifie la possession de la terre si l'on n'a pas le moyen de la cultiver? En tout pays du monde la mise en valeur de trente-cinq hectares (étendue moyenne des concessions) exige environ huit bœufs de labour, deux ou trois charrues, des herses, des rouleaux, des charrettes, des semences, une provision de fourrage pour nourrir les animaux, au moins pendant une année. A ces dépenses s'ajoutent, en Algérie, les frais du défrichement et de la construction. Faut-il indiquer un chiffre? Un capital de quinze mille francs serait indispensable au colon pour qu'il pût profiter du don qu'on lui fait. Or je mets en fait que la moyenne des concessionnaires débute avec moins de trois mille francs. C'est juste de quoi construire un abri et vivre, en attendant la maigre récolte que le khammès aura préparée.

Bien entendu, l'administration n'ignore pas que ce capital de premier établissement est une nécessité vitale. Elle en a fait la condition de ses libéralités, mais toute sa prudence échoue devant l'impossibilité de contrôler les déclarations, toujours optimistes, des postulants. Quand une famille française s'adresse à elle, quand elle manifeste le désir de quitter son pays d'origine pour venir tenter la fortune en Algérie, l'administration écrit aux maires des communes habitées par les futurs émigrants. Elle demande des renseignements sur leur situation financière. On lui répond par des certificats de complaisance qui sont une garantie illusoire. Tantôt le maire veut être agréable à ses administrés, tantôt il songe à soi-même : il est enchanté de se débarrasser d'individus « remuants ».

Donc ces sans-le-sou partent. Ils ne se doutent pas que leur dissimulation leur sera fatale. Ils portent en eux le rêve de la terre merveilleuse qui, chaque année, double ou triple la récolte, de la fécondité qui travaille toute seule, tandis que le concessionnaire se croise les bras. Ils n'admettent pas que la fortune, au moins une large aisance, ne leur soit pas due, en échange de l'effort que leur a coûté l'abandon de leur pays natal, l'exil « au milieu de sauvages ».

Je connais deux lithographies en pendant, tombées aux revers des quais, répandues sur des murailles de cabarets et d'auberges, qui ont provoqué des centaines de fausses vocations, préparé des moissons de désespoir. Cela s'appelle *le Départ* et *le Retour de l'émigrant*. Dans le premier cadre, le couple apparaît hâve, dans un wagon de troisième, avec un petit bagage qui tient dans des mouchoirs noués. Dans la seconde composition, il revient en wagon de première classe, cossu, gras à lard, un cigare à la bouche, des chaînes d'or ballottent autour du cou, sur le gilet.

Quelle ne doit pas être la déception de ceux qui ont rêvé ce bien-être et ce luxe quand, après des jours de voyage pénible, ils arrivent enfin à ce champ dont on leur fait largesse ! Ils comprennent tout de suite que jamais ils n'en pourront tirer parti. Les bras, l'argent, les outils, le bétail, tout leur manque. Les plus courageux font un beau rêve ; ils songent :

— Soit, nous défricherons d'abord la place d'un potager, nous l'élargirons en champ, nous avancerons petit à petit, d'année en année.

Mais ils s'aperçoivent vite qu'avant de travailler pour l'avenir, il leur faut s'assurer le pain quotidien. J'ai recueilli là-dessus de douloureuses confessions. J'entends d'ici un brave Provençal qui est venu, avec toute une compagnie de Niçois, coloniser l'Arbatach. Il me contait, avec une désolation émouvante, l'avortement de ses rêves :

— Dès que ma maison a été bâtie, j'ai fait comme les autres, j'ai loué mes terres à un khammès. Lui, il avait des bœufs, une charrue. Mais vous le comprenez bien, monsieur, entre des mains d'indigènes, un champ rapporte bien peu ; le fermage ne nous faisait pas vivre. Alors ma femme a entrepris un petit commerce ; elle a commencé à tenir une épicerie où l'on vendait de la bonneterie, de la papeterie, des conserves, de la cordonnerie et de la mercerie par-dessus le marché. Mes fils et moi, nous nous sommes loués comme manœuvres. Nous avons défriché pour le compte de gens plus fortunés, nous avons servi les maçons. Tout notre temps passait dans ces besognes. On rêvait bien de s'occuper des champs ; mais quoi ! entre le jour où on attaque le palmier nain à coups de pioche et celui où l'on touche le prix d'une récolte, le colon et les siens ont le temps de mourir trente-six mille fois de famine et de fièvre.

Cet homme ne mentait pas. Elles-mêmes les ressources qu'il tirait de la location de ses bras n'étaient pas certaines. Tous ses voisins, ou à peu près, vivaient dans la même pénurie que lui. L'offre du travail est ici si supérieure à la demande, que, à des heures de crise, l'administration est conduite à ouvrir des chantiers, à entreprendre des travaux qui ont au moins l'utilité incontestable de sauver un village en agonie.

Ce ne sont là que des palliatifs. Le remède est vite usé sans que la situation soit modifiée. Il n'est pas rare de voir des villages qui ont quinze ou vingt ans d'existence et qui n'ont pas fait un progrès depuis le jour de leur installation. De ci de là, de médiocres plants de vigne attestent l'effort de quelques sujets d'intelligence supérieure et de ténacité exceptionnelle. Mais, tout à l'entour, les palmiers nains continuent à étendre leurs taches lépreuses et les khammès à pousser devant eux leurs attelages faméliques.

A cette première génération, frappée d'impuissance, succèdent généralement d'autres colons dont les progrès sont sensiblement plus rapides : ce sont les acquéreurs à titre onéreux. Ceux-ci, quand ils ne sont pas de simples spéculateurs, arrivent avec des ressources sérieuses; ils sortent, comme Éric, d'un milieu social tout différent; ils ont des connaissances variées, une culture générale de l'esprit. Ils construisent, ils défrichent, ils plantent, ils transforment. Par les salaires qu'ils distribuent, ils sauvent souvent ce que la première génération contenait de sujets sains. Oui, ce serait une étude intéressante, singulièrement instructive, de chercher en quelle proportion le premier élément colonial subsiste dans les régions aujourd'hui prospères. On remarquerait que partout il a été sauvé par l'entrée en scène du colon capitaliste qui lui a succédé.

Il y a donc à l'insuccès de la colonisation officielle une première cause dont l'administration n'est pas responsable : les colons qu'on lui envoie sont trop pauvres et presque tous ont encore exagéré leurs infimes ressources.

Voici le péché qu'on peut lui imputer à elle-même :

Par esprit d'équité, l'administration s'est imposée ce principe : elle égalise autant qu'elle le peut la situation de tous ses concessionnaires. Dans l'impossibilité où elle est de donner aux sols qu'elle distribue des qualités identiques, elle s'est du moins évertué à les répartir en lots d'égale grandeur. En outre, pour équilibrer es avantages et les inconvénients du rapprochement ou de l'éloignement des villages, elle a divisé ses territoires de concession en zones circulaires dont chaque village est le centre. Elle a attribué à chaque colon un lot identique dans chacune des zones ainsi constituées.

Ce système, plus géométrique qu'agricole, a des résultats désolants. Le concessionnaire se trouve possesseur de quatre ou cinq parcelles éparses dans un périmètre d'une étendue totale de deux ou trois mille hectares. Quelques-unes de ces parcelles, généralement les plus importantes, sont situées à six, à huit, parfois à dix kilomètres du centre, sans chemin carrossable pour les desservir ; de là les pertes de temps terriblement coûteuses, les difficultés de la culture décuplées, le défaut absolu de la surveillance, l'impossibilité de l'exploitation personnelle.

Cette chimère d'égalité ne résiste pas aux nécessités vivantes. Si, dans le nombre des concessionnaires, il s'en trouve un qui possède quelque argent et quelque initiative, son premier soin est d'abandonner le lot de village, trop étroit pour son expansion (dix ares), où on l'a obligé de bâtir. Il va s'installer sur un de ses lots ruraux. Il lui consacre tous ses soins ; il néglige les autres jusqu'à ce que l'occasion lui permette de grouper en un seul tout, par des échanges ou des achats, une exploitation où le travail sera économique, où la récolte pourra être protégée contre les entreprises des maraudeurs.

En effet, nulle part la sécurité n'est suffisamment

assurée. On ne peut pas dire que les attentats contre les personnes soient ici plus nombreux que dans la plupart des pays neufs, mais les délits contre la propriété sont incessants. A peine sortie de terre, la récolte du roumi est rongée par les troupeaux du berger indigène qui se tient aux aguets. Arrive-t-elle à maturité, à la moindre négligence, les gerbes sont volées sur l'aire, emportées par des convois de mulets. Elles disparaissent sans laisser de traces. Ce n'est donc pas dans un goût tout méridional des belles images que certains journaux algériens nous montrent « le brave colon, après une journée de labeur, quittant la charrue pour le fusil, afin de défendre au prix de son sang la moisson arrosée de ses sueurs ».

Remplacez le mot « sang » par le mot « veilles » et vous aurez une exacte peinture de la vie des vaillants, qui, en petit nombre, cultivent directement les concessions qu'ils ont reçues de l'État.

XLI

J'entends bien qu'on me demandera :
— Si la colonisation officielle ne vit pas de son champ (que le khammès laboure à sa place), si elle ne trouve pas à travailler à la journée ou à la tâche (puisque personne n'embauche), si elle fait faillite dans ses petits commerces de liqueurs et d'épicerie (qui ne trouvent point de clients), comment subsiste-t-elle ?

Elle vit de son vote, des largesses que ses élus lui font aux dépens de l'indigène et aux dépens de la France.

Depuis l'installation du suffrage universel, il s'est constitué, en Algérie, une clientèle électorale assez pareille à celle de ces soldats-laboureurs qui, dans les derniers temps de la république romaine, troublèrent le fonctionnement des lois.

Certes, en France, personne ne se fait grande illusion sur la quantité et sur la qualité d'idées générales qui tiennent dans la tête d'un électeur moyen. Encore est-il que nos candidats n'oseraient pas proposer à leurs électeurs un simple programme d'affaires. Au-dessous de leur nom, ils suspendent une étiquette qui prétend à les classer dans un parti, qui poursuit un plan de campagne, un idéal de réformes ou de justice sociale. On est le Citoyen un Tel, candidat socialiste ou possibiliste, ou simplement un candidat républicain, rallié.

Il peut bien se faire qu'en Algérie ces étiquettes se produisent sur des affiches et sur des bulletins de vote, mais personne ne les prend au sérieux. Personne ne s'attarde à discuter sur des principes. C'est un homme d'affaires que l'on veut envoyer au parlement. Il n'a d'autre mandat que d'arracher à la métropole des concessions, des créations d'emplois, de l'argent. Cette absence de préoccupation politique n'est qu'à demi fâcheuse quand elle décide des élections de maires, de conseillers généraux. Mais quand il s'agit de nommer un député ou un sénateur, cette ignorance de tout principe a des inconvénients graves. L'élu de ces majorités si positives est dans le parlement l'esclave de sa clientèle. On lui interdit de s'occuper de l'intérêt général de la colonie, de proposer les réformes les plus indispensables, d'indiquer au parlement une politique, qui, dans ses résultats, vise autre chose que l'immédiate satisfaction « des appétits de circonscription ».

J'ai dépeint plus haut les mœurs des çofs kabyles. Je les ai montrés partageant chaque village en deux partis qui, tour à tour triomphants, se traitent de Turc à Maure. Pas de quartier pour les vaincus. L'amin, qui dans ces centres montagnards, représente notre autorité, en use à son bon plaisir. Les faux témoignages et les amendes écrasent ses adversaires. Ses partisans jouissent de l'impunité.

Il faut croire que c'est le milieu qui impose ces mœurs, car le corps électoral se les est intégralement appropriées. On écrirait un volume avec les seules aventures des maires algériens, que depuis dix ans l'on a pris la main dans le sac. La concussion était la moindre de leurs peccadilles ; on demeure stupéfait à la lecture des réquisitoires, des abus terrifiants de pouvoir, que ces personnages ont osés, de la longue impunité dont ils ont joui. Tout le monde en connaît le motif : ils avaient des procédés infaillibles pour assurer la réélection des conseillers généraux, des députés et des sénateurs : donnant, donnant.

Les débats de l'affaire Sapor ont jeté sur ces menées une clarté triste. Pendant des années, cet homme put impunément voler, s'approprier les fonds de sa commune, tricher sur toutes les fournitures, terroriser ses adversaires, les jeter en prison, sans qu'une voix osât s'élever pour dénoncer ses exactions et ses concussions. On savait que le préfet le couvrait pour obéir aux sénateurs et aux députés, qui appelaient Sapor « leur ami », qui, dans les lettres versées au procès, apparaissent moins comme ses protecteurs que comme ses clients. Ils ne l'ont point abandonné, malgré l'infamie de la condamnation. Un conseiller général, qui est un vieux colon, qui aime sincèrement l'Algérie, et qui, j'en suis sûr, a les mains nettes, a défendu Sapor, l'autre jour, contre nos attaques. Je rappelais que le soir de son élection à la mairie d'Aumale, le citoyen Sapor alla ouvertement passer sa soirée à la maison publique. On lui avait préparé là une réception bien touchante. Les demoiselles lui offraient par souscription l'écharpe tricolore. Madame voulait la lui attacher elle-même aux reins pour la première fois. Le conseiller général à qui je rappelais cette historiette haussa les épaules, Il lança, au milieu de la stupéfaction générale :

— Eh bien oui, il a fait cela... Après ?... La belle histoire !... Je vous assure, mon cher monsieur, que vous jugez tout cela avec vos idées de Paris.

Voilà la face de comédie. Il y en a une autre

que l'on peut dire tragique, si l'on songe que l'honneur de la France est quotidiennement compromis dans ces bagarres et que l'égoïsme de çof peut dicter à un des principaux représentants de la députation algérienne une phrase comme celle-ci :

La première fois qu'il vit M. le procureur de la République d'Alger, après l'arrestation du maire d'Aumale, le député dont je parle lui dit, entre les yeux, avec un éclat de menaçante colère :

— Vous nous embêtez avec votre affaire Sapor !

Encore est-il que ce politicien est un homme dont ses adversaires, tout passionnés qu'ils sont, honorent la probité. Il tenait à Sapor par esprit de çof, comme à un instrument commode. Mais le bruit court en Algérie que certains élus du suffrage universel ont eu des attaches plus gênantes avec ceux qui finissent dans le scandale. Charité bien ordonnée commence par soi-même.

— Vous voulez une route pour sortir de votre ferme, disait à Éric un des conseillers généraux les plus importants du département. Faites-vous nommer maire. Vous construirez votre chemin vous-même.

Quand un maire, dévoué à son çof, peut disposer si facilement des fonds de sa commune on ne doit pas s'étonner qu'un député, par exemple, ose davantage.

Supposons qu'un politicien de marque ait essayé de « faire du mouton » et que, faute de persévérance, il ait échoué dans son entreprise. Il viendra dire à la commune indigène :

— Je renonce au mouton. Je ne veux pas garder mon bordj sur les bras. Achetez-le.

L'administrateur, qui sait que sa grâce et sa disgrâce dépendent des élus du suffrage universel, répond avec un empressement craintif :

— Tout ce que vous voudrez, monsieur le X...; mais la commune n'a que faire de votre bordj : trouvez-moi, je vous en prie, un prétexte à l'achat, indiquez-moi sous quelle rubrique je puis l'inscrire !

— Vous en ferez une maison cantonnière.

— Une maison cantonnière ?... Monsieur le X..., vous voulez dire une maison dans laquelle on logera un cantonnier ?

— Sans doute.

— Mais la présence d'un cantonnier ne pourrait se justifier que par l'existence d'une route... et il n'y a pas de route dans les entours de votre bordj...

— Eh bien ! vous en construirez une !

Et l'administrateur courbe la tête ; il trace une route qui commence et finit dans la brousse : il grève sa commune des appointements annuels d'un cantonnier, le tout pour avoir un prétexte à délivrer le mandat qui paiera le bordj...

... Ne me demandez pas si cette histoire est vraie ou feinte, si c'est un échantillon d'une catégorie de faits moins fâcheux ou plus graves. Je ne puis donner qu'un conseil à ceux qui veulent s'instruire davantage : qu'ils aillent vivre dans l'intérieur de l'Algérie ; qu'ils ouvrent les yeux et les oreilles, qu'ils contrôlent par eux-mêmes les faits qu'on leur apportera...

Quand, autour d'eux, ils auront débroussaillé la calomnie, leur moisson de dégoût sera toujours trop lourde.

XLII

Un vieux colon, à qui j'ai soumis mon journal, me le retourne avec ces remarques :

« Vous avez bien plaidé pour le mouton ; vous avez dit leur fait aux fainéants, qui, dans l'opinion de la métropole, font tort à des travailleurs dignes de tous les encouragements ; — vous avez honnêtement agi en signalant la corruption de notre corps électoral ; mais quoi ? — je ne vois point que vous ayez fait mention du vignoble algérien. Partagez-vous donc l'avis de ceux qui, après nous avoir encouragés à planter, nous abandonnent avec notre vendange sur les bras ?

» Savez-vous, mon cher ami, que — il y a quelques année — un ministre de l'agriculture nous a dit en propres termes :

» — Portez votre argenterie au mont-de-piété, pour planter des vignes.

» Les colons qui pouvaient mettre en gage de la vaisselle plate n'étaient pas nombreux en Algérie. Ils ont trouvé d'autres moyens de s'endetter. Ils savaient que le phylloxera avait ravagé la France; ils avaient confiance dans l'appel du ministre. Ils se sont mis à l'œuvre. Ils ont créé les admirables vignobles que vous avez vus, un peu partout, le long de la mer, en plaine, en campagne.

» Il y a eu en France pour les vins d'Algérie une minute d'engouement. Vous étiez si las des boissons frelatées que le goût de ces crus naturels a surpris agréablement vos palais. Vous auriez continué de vous y plaire si une contrefaçon éhontée ne les avait discrédités dans l'opinion publique. Tous les poisons vous ont été versés sous l'étiquette frauduleuse de « vins d'Algérie ». Dans le même temps le vignoble de la France se reconstituait bien plus vite que n'auraient osé l'espérer les plus optimistes.

» Nous ne pouvions pas lutter d'habileté avec vos fournisseurs de vins.

» Vous leur écriviez :

» — Envoyez-moi une barrique toute pareille à la dernière.

» Vous ne vous doutiez pas que le bon soleil ne cuit pas le raisin deux années de suite de la même façon et qu'il fallait couper votre vin, le travailler pour lui donner ce bouquet auquel votre dégustation s'était accoutumée.

» Exposés comme nous le sommes aux coups de siroco qui peuvent nous surprendre en pleine vendange et déranger nos fermentations, trop pauvres pour bâtir les caves où l'on accumule des réserves, où l'on maquille le vin, où l'on pratique, en paix, l'art difficile des coupages, nous ne pouvions lutter contre tant d'artifices et de concurrences. Nous sommes tombés dans un injuste discrédit. Vous qui venez de boire nos vins, vous qui avez apprécié leur générosité naturelle, ne nous aiderez-vous pas à lutter contre cette défaveur ?

» Dites que nos caves sont pleines. Dites qu'en une seule année nous avons produit 3772779 hectolitres de vin ; qu'il faut que la France nous aide à le boire, à le répandre dans le monde, ou qu'elle nous condamnera à arracher nos vignes.

» La métropole se plaint que sa colonie quémande sans cesse des secours; mais quand l'Algérie s'efforce de vivre par ses propres ressources, on lui rejette sa production sur les bras. Si elle exporte du mouton, on déclare qu'il a la clavelée. Si elle récolte du vin, on affirme qu'il est bon à verser dans le ruisseau.

» La France nous calomnie et elle nous décourage. Nous sommes pour elle un mendiant qu'elle soulage de ses dons en rechignant et à qui elle refuse du travail. Disons le mot : La France veut que l'Algérie soit sa cliente ; elle s'insurge dès que le colon aspire à devenir son fournisseur. Il est pourtant facile de comprendre qu'avant de consommer, nous devons d'abord sortir de la misère. D'où ferons-nous jaillir nos bénéfices, sinon du pâturage et du sillon ? »

J'ai voulu conserver à ce plaidoyer sa franchise un peu brusque. Il me semble qu'il pose bien le problème. Il résume les justes revendications de ceux qui, à travers tant de difficultés et de déboires, continuent en Algérie la belle lutte dont la victoire sortira.

Naguère, j'ai passé une heureuse journée dans une de ces compagnies d'élite. Des amis de ma bonne volonté m'avaient invité au banquet où tous les mois se réunissent, dans une fraternelle camaraderie, les membres du Syndicat agricole de Rouïba. J'arrivais édifié, sur la belle œuvre que ce syndicat a accomplie, par la lecture d'un rapport singulièrement nerveux et net de M. Gobel, conseiller général.

Autant les syndicats ouvriers se recrutent facilement dans les centres populeux, autant les colons, éparpillés sur des surfaces considérables, ont jusqu'ici éprouvé de la difficulté à se grouper. Ceux de la région de Rouïba ont été des premiers à donner le bon exemple. Du coup, la constitution de ce syndicat a fait baisser de 30 pour 100 le prix de certains produits indispensables à l'agriculture.

C'est vraiment une œuvre de fraternité. Quelques grands propriétaires se sont unis. En s'adressant directement aux fabricants, ils ont obtenu des diminutions de prix. On leur tenait compte de l'importance des commandes. Ils ont voulu faire profiter de ces avantages des colons moins riches qu'eux. Ils ont offert à ces compagnons de bataille de leur servir d'intermédiaires. Ils savaient bien que si le petit cultivateur hésite à entrer dans un syndicat, c'est qu'il ne peut jamais payer comptant. Ils ont donc joint une banque de crédit à leur groupement. Par cette heureuse initiative, ils ont arraché à l'usure les honnêtes gens qui leur ont apporté leur loyauté et leur courage.

Je voyais autour de la table tous ces compagnons réunis. Ils appartenaient certainement à des catégories sociales très différentes. Mais personne ne pensait à ces nuances : il n'y avait là que des colons, associés dans une bonne fraternité, comme, sous la capote bleue, il n'y a que des soldats confondus dans l'amour du pays.

J'avais à remercier d'un accueil qui me touchait

au vif. Je n'ai pas cru pouvoir mieux m'acquitter de ma dette qu'en parlant à ces gens de cœur des femmes que, presque tous, ils avaient laissées au logis, — de ces Françaises que j'ai vues en Algérie soutenant la maison de leur cœur, relevant le courage des hommes, créant les fils, faisant à ceux qu'elles chérissent une patrie dans la solitude.

J'ai bien senti, à cette seconde, que nous étions tous d'accord ; la probité et l'amour triompheront à la fin des coalitions de la haine.

XLIII

Des affiches aux portes des « fondoucks, » des roulements de tambour sur les marchés, ont annoncé la chose depuis des semaines : on vend par autorité de justice un monsieur de petite noblesse qui, après avoir mangé pas mal d'argent avec des filles, est venu finir sur un coin perdu de cette côte algérienne. Il est mort seul, dans une masure, en face de la mer. La chronique affirme que l'on se disputera un boggy de chasse en bon état, des armes, quelques bijoux. Cette dernière promesse préoccupe toutes les femmes du voisinage. On se souvient des splendeurs passées du défunt et de ses galanteries. L'espoir de la bonne affaire a mis toutes les carrioles sur la route.

Dans un radieux soleil de dimanche, nous traversons des champs fraîchement remués par les charrues. Des milliers d'étourneaux et des vols de pluviers partent à l'approche de notre cheval ; ils vont s'abattre plus loin, sur les oliviers, dans les vignes. L'air est si pur qu'on le boit avec délices. Les montagnes dont nous descendons baignent dans des gammes de lilas, délicats comme ces iris sauvages dont trois jours de pluie ont couvert les friches.

Le beau temps et la vente ont attiré beaucoup de monde. Toutes sortes de véhicules dételés lèvent les bras le long de la route. On est venu en partie de plaisir, dans des breaks, dans des tapissières, dans des sylphides, avec des chevaux, des mulets, des ânes. Le cabaret a sorti quelques tables sous les eucalyptus. La course au grand air, le souffle marin qui circule ont aiguisé les appétits. On ne vendra guère avant le déjeuner.

Nous voici devant l'habitation du mort. C'est une masure à un seul étage, avec un toit plat, en tuiles rouges; il se rase pour ne point donner prise au vent de mer. Les volets sont clos. Mais les recoins, les débarras, le grenier ont été vidés devant la porte; il y a de tout là dedans : un jeu de croquet sans arceaux, un vieux piège où un rat a pourri, des garde-manger, des tringles de rideau, les faïences qui font rire, des chaises dépaillées, un store sur lequel les armes du défunt sont peintes sous une couronne monumentale. Au milieu des débris, surnage, épave du passé, une boîte de cuir, de celles qui, dans trois étages, enferment le chapeau de soie, le « claque » et le chapeau gris. Ici, le mot « Paris » est encore lisible sur l'étiquette qui se décolore.

C'est autour de ce bric-à-brac que la foule rôde et bourdonne avec une impatience bruyante. Il y a sur chaque détritus une couronne mouvante, un fourmillement de convoitises; la décrépitude des objets aiguillonne la faim. L'odeur de moisissure attire et fixe.

De tout cela un haut de cœur se lève, qui vous écarte vers le champ. Là une haute meule de fourrage achève de se dessécher. Une vieille jument grise, qui fut une trotteuse classée, paît l'herbe rare. De temps en temps, elle lève la tête avec une nuance d'inquiétude : elle allonge le cou vers cette foule, elle dilate ses naseaux poussifs. Est-ce que le maître ne va pas sortir de la maison? Sa jument, le petit troupeau de chèvres qui lui donnait du lait, une caniche noire qui flaire en grondant les talons du commissaire-priseur, tous ces vivants qui furent les compagnons de ses derniers jours continuent de l'attendre. Est-ce qu'il ne va pas paraître et chasser ces intrus?

Voici ses armes : un fusil qu'un amateur déprécie :

— Il ne porte même pas la marque du fabricant !

Un revolver d'ordonnance d'un modèle ancien une petite carabine soigneusement graissée. Toute la fin de sa vie a tenu entre ces plaisirs de poudre et les fuites au large, dans une barque que l'on va vendre avec le reste.

Pas avant le déjeuner, toutefois. M. le commissaire-priseur a amené des dames dans sa tapissière, et les enchères de la matinée lui ont desséché le gosier. Donc, on s'attable. Une grisante fumée de bouillabaisse s'élève des soupières. Il y a du lièvre pour les bonnes payes, du petit-salé avec des choux pour les gens du commun, et du pain excellent sur toutes les tables, de la farine salée avec de l'eau de mer. Qu'il fait bon vivre et se nourrir à l'air !

Tout le monde s'oublierait autour des plats. Il faut que le petit secrétaire arrache M. le commissaire-priseur aux douceurs de son café.

La foule a grossi. Les cultivateurs de la région, des colons, sont venus avec leurs femmes. Ces dames étalent leurs plus beaux atours, leur quincaillerie. On ne fraternise pas ; on ne se salue guère. C'est de l'envie qui grouille au soleil. Elle guette les bijoux dont l'enchère est imminente.

Déception générale : le défunt n'a laissé qu'un chronomètre d'or timbré de sa couronne, une montre de chasse « qui fait son heure en quarante minutes, » deux épingles de cravate en toc, dont l'une représente un fer à cheval, l'autre, une bête de course montée par son jockey ; enfin, une chevalière d'or massif, gravée à ses armes.

— Montrez la bague.

L'anneau soupesé passe de main en main, sous l'œil vigilant du commissaire. Il est lourd et de bon titre. Plus d'une fois, sans doute, celui qui s'est écroulé dans cette misère l'a porté chez quelque prêteur. Mais toujours il allait le reprendre comme un fétiche, comme la dernière maille de la chaîne qui le liait à des fiertés disparues.

— Au mobilier, à présent!

Et le secrétaire de M. le commissaire jette dans le brouhaha :

— D'abord, le lit et sa garniture.

C'est un lit de fer italien avec des médaillons peints dans le goût élégiaque. Les matelas sont souillés des humiliations de l'agonie. Une voix interroge :

— Le sommier est bon ?

— Demandez à votre voisine.

On se retourne, on se montre du doigt une grande blonde qui venait faire le ménage du défunt tous les matins. Et les gens se poussent le coude.

— Elle était chez lui quand il est mort...

— Vous croyez ?...

— Paraît qu'il lui a dit tout à coup : « Prends du papier... tu vas écrire... » Il a ouvert la bouche... mais déjà il ne pouvait plus causer et ses yeux roulaient...

Cependant, les curieux ont fini de palper la literie, et M. le commissaire annonce la vente.

— Il y a preneur à quarante francs...

Au premier rang des enchérisseurs, un Berbère se démène. C'est un maquignon de Maison-Carrée, un de ces « croyants » que le contact des Européens a fini de pourrir et qui drapent dans leur burnous les vices de deux races. Au milieu des éclats de rire, ce farceur a déjà fait emplette de l'armoire à glace. A présent, il veut le lit. Il gesticule, il bataille. A chaque enchère, il s'enveloppe le menton dans une attitude méditative. Il arrête le commissaire. Il se touche le front :

— Attins qué j' pinse !...

Puis, quand la galerie a ri de cette pantomime, il envoie d'une voix trouée par la débauche :

— Cinquante-six cinquante !

— Adjugé à Ben Ahmar !

— Qu'est-ce que tu vas faire de ça, bourriquot ?

— Tu ne pourras pas l'entrer dans ton gourbi !

De côté, le maquignon a un coup d'œil de colère pour ce nigaud qui loge un homme comme lui dans une hutte de boue et de feuillage.

— Mé? dit-il, je vas l'essayer avec dis femmes...

La foule suit en riant. Elle espère que l'homme en burnous plaisantera encore. Pour moi, j'en ai assez de la vente et des enchérisseurs. Je vais vers la plage, vers la mer déserte.

Voici, à sec, sûr le sable, la petite barque dont il se servait pour pêcher. Une perche est debout à l'avant; un reste de voile déchirée palpite comme une aile. On dirait un oiseau lié qui veut fuir. Au delà, la mer pure avec ses hautes vagues bleues, quelques brisures d'écume sur des rocs, et puis le grand large, la beauté de l'élément, le vide de pensée, de bassesse, l'inconscience des choses, jusqu'à l'horizon.

Un regard s'est longtemps promené sur cette mer qui est éteint; un cœur soulevé d'amertume s'est désolé à cette place.

Souffre-t-on encore où tu es, toi que ma fraternelle compassion évoque devant cette mer, devant ce soleil que la nuit va éteindre?... Souffre-t-on des outrages que nous font les hommes?...

XLIV

Je n'ai pas seulement pris aux colons leurs souliers à clous, leurs soucis et leurs espoirs ; j'épouse leurs passions. Donc j'enrage quand je lis dans des journaux d'outre-mer :

« A quoi bon nous engager plus avant dans la folie des conquêtes coloniales ?... Voyez ce que nous avons fait en Algérie, depuis soixante ans que nous y sommes installés ?... Comparez l'œuvre de nos colons à celle des immigrants américains... »

Je voudrais réunir ces sceptiques, ces dédaigneux, sur quelque forum et leur crier dans un porte-voix :

« D'abord, sur les soixante ans dont vous parlez si allègrement, trente ont été employés à conquérir le sol. Je ne parle pas de la reconquête. Cependant, nous avons construit en Algérie plus de 30000 kilomètres de route, à travers un pays de montagnes et d'eaux torrentielles ; nous avons tracé plus de 3000 kilomètres de chemins de fer ; nous avons bâti plus de 250000 maisons, estimées, dans leur ensemble, pour une somme supérieure à 400 millions ; nous avons planté 120000 hectares de vignes, ensemencé 1500000 hectares de blé, tendre ou dur, sans parler du seigle, de l'orge, de l'avoine, du maïs, du bechna, des fèves, des pommes de terre, du tabac, de l'olivier, du lin, du coton, de la ramie, que sais-je? Lisez les statistiques, ô sceptiques, avant de prononcer si facilement des paroles de discrédit.

» Cela fait, s'il vous reste le loisir de repasser un peu votre histoire, si vous êtes d'avis qu'il y a de la sottise à comparer des conditions de vie aussi différentes que l'existence actuelle d'un colon algérien et celle de l'ancien émigrant du Nouveau Monde, vous reconnaîtrez avec moi :

» 1° Que les Européens qui débarquèrent en Amérique trouvèrent devant eux des espaces immenses et disponibles. Leurs seuls adversaires furent des hordes de chasseurs, sans attaches avec la terre, qui s'évanouirent d'eux-mêmes au contact d'une civilisation brutale. En Algérie, au contraire, la terre arable, naturellement libre, est introuvable. Partout elle est puissamment appréhendée par un peuple de trois millions d'agriculteurs qui, à demi civilisés, adhèrent obstinément au sol ;

» 2° En Amérique, l'émigrant était irrémédiablement attaché à sa nouvelle patrie par la longueur et par le prix du voyage. Au contraire, la proximité de la France permet au colon algérien de fuir à la première heure de découragement ;

» 3° En Amérique (sauf aux confins du Far West), on n'a pas à redouter les déprédations de la race autochtone. Au contraire, en Algérie, il faut subir le contact immédiat de l'indigène. A l'aversion du fanatisme pour le roumi, il joint des instincts de pillard ; il a contre le vainqueur la rancune du propriétaire dépossédé ;

» 4° En Amérique, le capital et le travail se sont développés du même coup. Ce n'étaient pas seulement des nécessités économiques, mais des révolutions politiques ou religieuses qui avaient déterminé les premiers colons à franchir l'Océan. De là constitution immédiate (et, pour ainsi dire de toutes pièces) d'une société complète, enfermant toutes les classes, toutes les catégories sociales d'individus, groupant les qualités et les puissances particulières à chacun de ces éléments. Au contraire, en Algérie, l'élément « travailleur » a devancé l'élément « capitaliste ». Par rapport à cet auxiliaire, il se trouve encore aujourd'hui dans une proportion qui rompt l'équilibre ;

» 5° En Amérique, la main-d'œuvre indigène faisait complètement défaut. Le propriétaire du sol ne pouvait compter que sur son travail personnel : s'il avait des capitaux sur le concours de la main-d'œuvre européenne. De là, pour lui, *la nécessité de l'exploitation directe et personnelle ;* pour tous les émigrants, *la certitude de l'embauchage.* Nous avons vu, au contraire, comment en Algérie, l'intervention du khammès favorise l'indolence du colon, lui permet de végéter là où, sans le secours commode et néfaste de l'indigène, il faudrait ou prospérer ou périr. »

Je clorais cet exorde par quelque citation latine telle que *similia similibus.* Je me hâterais d'arriver au point principal du débat : au procès de l'administration.

C'est une matière qui n'est point ingrate. On est sûr d'y plaire à tout le monde : n'avons-nous pas vu qu'Arezki faillit sauver sa tête en affirmant que l'administration était toute seule coupable dans son cas : elle l'avait réduit à la forêt pour servir des projets ténébreux. Je n'espère pas de l'auditoire moins de faveur que ce brigand. Toutefois, avant de faire le procès de l'administration algérienne, il ne serait qu'honnête de rappeler les vicissitudes par où l'on fait passer la politique et les changements de gouvernements. Elle hérite d'une multitude de tentatives diverses, de plans à demi exécutés, dont les traces, encore visibles, se superposent de façon à tout obscurcir. L'Algérie, c'est proprement la maison où tout le monde commande. Les conflits y poussent aussi naturellement que le palmier-nain. Rien ne réussira sur ce sol tant que l'on n'aura pas extirpé les racines parasites.

XLV

Ce que l'armée a fait en Afrique à l'époque de la conquête, nous le savons tous, on en trouve à chaque pas les traces, que dis-je, on se heurte aux restes presque vivants de ces victorieux.

J'ai visité un de ces champs de bataille, où, à la même date du 24 juin, en 1857, puis, en 1871, deux fois de suite, nos soldats ont donné leur vie pour le pays. Celà s'appelle Icherridène.

Depuis trente-cinq ans ces morts glorieux étaient enfouis dans une tombe ignorée. L'administrateur de Fort-National les a découverts et le gouverneur général, avisé de la trouvaille, a décidé de faire construire un ossuaire où ces débris seront recueillis. Donc sur un des faîtes les plus élevés de la Kabylie, on a dressé une pyramide, blanche comme les neiges du Durdjura, des quatre coins de l'horizon l'œil l'apercevra au-dessus des crêtes.

Ce panorama du Fort-National est un des plus beaux du monde. De sa citadelle naturelle il commande tout le massif de la Grande-Kabylie. Nulle domination n'a pu modifier son aspect abrupt. C'est un champ de bataille, toujours ouvert pour les luttes des éléments et des races. Mais quand la magie du printemps algérien vient habiller de verdures et de fleurs ces pentes de précipices, quand les jardins montagnards, les plants de figuiers et de frênes, accrochés aux ravins, se vêtent de frondaisons pâles, quand l'orgie des fleurs envahit les moissons, il y a pour une heure trêve de sauvagerie.

Ce n'est plus l'idée du combat et de la destruction, c'est un rêve de fertilité, une blonde douceur qui traîne par ces gorges silencieuses, qui plane sur ces villages aux toits roux. Ils ne semblent plus s'être réfugiés sur les cimes commes des bêtes traquées qui, au bout de leur fuite, font tête aux chasseurs. On dirait que c'est l'amour des immenses perspectives, un besoin poétique de vivre plus près des neiges, plus près du ciel pur, qui a colonisé ces sommets de monts. Icherridène, lui-même, le farouche Icherridène, tombeau des nôtres, asile des haines irréductibles, prend un air riant.

Mes compagnons de route m'avaient conduit en face de cette forteresse dont nous séparait maintenant une gorge profonde. Nous avions arrêté nos chevaux à l'ombre d'un bouquet de chênes, et M. l'administrateur de Fort-National me dit :

— Cet arbre, qui se détache devant vous, s'appelle, dans la légende de Kabylie, l' « Arbre du Maréchal ». Car c'est ici que, le 24 juin 1857, le maréchal Randon s'installa avec son état-major pour diriger l'action. Les Kabyles étaient installés en face, sur la colline que le village couronne. Il fallait que nos soldats descendissent dans cette vallée et que l'on montât à l'assaut le long de ces pentes de quarante-cinq degrés, pour débusquer un ennemi acculé dans ses derniers retranchements et qui tirait à couvert. Bourbaki, alors général de brigade, commandait la colonne d'attaque. A mi-chemin du faîte, à la place où vous voyez ce bouquet de jujubiers, il s'écroula. On crut qu'il était mort. Son cheval venait d'être tué sous lui. Tout autour, les hommes tombaient sans que la marche en avant fût ralentie. Soudain, les Kabyles poussèrent un grand cri : ils étaient pris à revers. Tandis que Bourbaki les attaquait de front, le commandant de la légion étrangère Mangin avait passé sous le feu et donné l'assaut du côté de l'est. La Kabylie était prise.

Des années plus tard, quand le commandant

Mangin vint en garnison à Fort-National, les Kabyles faisaient des lieues pour le voir. On voulait toucher son manteau comme celui d'un marabout.

On disait :

— Tu sais, c'est celui-là qui montait un grand cheval gris !

On croyait qu'un sortilège avait écarté les balles de sa poitrine.

Nous laissons nos chevaux à la garde des cavaliers indigènes, et, nous aidant des mains pour ne pas choir, nous gravissons la pente. Les ronces ont envahi le fossé où les Kabyles s'étaient retranchés en 1857, où ils se sont abrités une seconde fois en 1871. Je demande à M. l'administrateur comment il a retrouvé la tombe. Il me répond :

— Les indigènes ne voulaient rien dire dans la crainte qu'on dépeçât leurs champs. Enfin un vieil homme a parlé. Il se souvenait que, pendant l'année qui suivit la bataille, les chacals, par le tumulte de leurs abois, empêchèrent les gens d'Icherridène de dormir. Chaque nuit ils se réunissaient dans le petit jardin qui est là-haut. Ils avaient creusé des terriers. Ils descendaient dans le fossé pour se gaver. J'ai fait sonder la place que la tradition indiquait. Tenez, ici.

Nous sommes parvenus dans un petit champ de montagnes qu'un plant de figuiers cerne. Les feuillages sont merveilleusement verts et frais. Deux frênes très anciens l'ombragent ; puis, tout de suite, le champ dévale, à pic, sur la vallée qu'on aperçoit dans le cadre des verdures, riante à nos pieds, du bleu délicat des lointains. Un énorme tas de terre rouge rompt cette monotonie d'ors verts, écrase le blé nouveau-né. Derrière, la fosse.

Ils sont là, vingt-quatre squelettes, étendus côte à côte, comme des enfants que l'on fait coucher, tête au traversin, tête aux pieds, dans un grand lit de voyage. Les thorax se sont affaissés ; les membres gisent si à plat sur la terre, qu'une immense fatigue semble peser sur eux. Les crânes ont des inclinaisons de sommeil, adossés à des oreillers. Celui-ci s'est endormi la gorge découverte, cet autre le menton penché sur la poitrine, cet autre sur une joue. Les pieds sont joints, écroulés dans les souliers, presque intacts, et debout. Seules, les colonnes vertébrales, un peu soulevées et comme tordues, rappellent dans ce repos un mouvement, une contorsion de vie. Tout le reste est muet : les cœurs sont tombés en poussière, les orbites sont pleines de terre, les crânes vides.

Je me trompe : à la tempe, au front, chacune de ces boules luisantes est percée d'un petit trou circulaire. C'est par là que la balle est entrée ; car presque tous ils ont été frappés à la tête. L'ennemi les tirait de haut. Je suis sûr que derrière la blessure on retrouverait le morceau de plomb qui a fait le meurtre. Il suffit de se mettre à genoux, et, avec la pointe d'un couteau, d'écarter un peu la terre qui bouche le nez, qui fait bâiller la bouche. Et vraiment le voici, le petit lingot qui est entré dans cette cervelle et qui, brusquement, y a répandu la nuit. Celui qui l'envoya l'avait mâché, travaillé à la lime, pour qu'il fît une mortelle blessure. Il a visé juste. Les pensées de gloire, l'ivresse du courage, le souvenir des tendresses, ce qui bourdonne dans une cervelle de soldat à l'assaut, tout ce tourbillon s'est arrêté sous le choc de la petite balle. Je ne trouve plus que de la terre dans ce crâne troué. Où sont la pensée et l'amour? Auraient-ils moins de durée que ces grossiers souliers de cuir qui, après trente-huit ans d'enfouissement, s'obstinent à chausser des squelettes?

J'écoute l'homme qui a creusé la tranchée et découvert ces restes pieusement. Les paroles qu'un fossoyeur dit, à demi-voix, au bord d'une tombe, ont la sérénité de la mort elle-même. Elles apaisent la révolte. Celui-ci sait l'histoire de ces vingt-quatre endormis. Il l'a reconstruite avec les petits objets enfouis dans l'affaissement des os qui ont arrêté sa piochette.

— Celui que vous voyez là avait au cou un scapulaire, son camarade une petite glace, le voisin un jeu de cartes dans sa musette ; l'autre, là-bas, une médaille de Crimée. Il avait eu bien juste le temps d'arriver de Russie ; il devait être débarqué en Afrique depuis une douzaine de jours. Et voyez comme ils sont jeunes ! Il ne leur manque pas une dent.

Il nous montre son « trésor », la croix de Crimée, avec le portrait de la Reine ; l'inscription « Victoria Regina » est à peine noircie. La petite glace a volé en éclats ; le jeu de cartes s'effrite, une bourse en tricot est à peine souillée, une pipe en terre semble encore bourrée de tabac : ce sont des racines qui ont poussé dedans. La rouille recouvre des ciseaux, des dés à coudre, une cuiller, les boutons d'uniforme où l'on lit encore le numéro du régiment : « 2ᵉ étranger ».

A eux tous ces vingt-quatre morts avaient dix-sept sous dans leurs poches, pauvres gars qui ne possédaient que leur vie et qui l'ont laissée là ! Leurs noms, même sont inconnus. D'ailleurs, à supposer que les yeux qui les ont pleurés soient ouverts encore, quel regard de mère les reconnaîtrait maintenant ? Où est le joli garçon qui cachait un miroir sous sa tunique ? où le bon chrétien qui a prié la Vierge le matin de la bataille ? où l'insouciant qui est monté à l'assaut avec un jeu de cartes ?

Un seul nom sera gravé sur la pyramide qui

commande les vallées : celui du capitaine Bouteyre, du 2ᵉ étranger.

Je suis arrivé comme la pioche découvrait ses restes. Son uniforme, seulement décoloré, était presque intact ; ses trois galons d'or, ternis, ornaient encore sa manche. On lui avait joint les mains sur la poitrine. Quand je les ai touchées, les doigts se sont écroulés comme un jeu d'osselets.

Il convenait que la France ne laissât pas ces glorieux dans un tel oubli, sur un territoire de guerre. Mais ce n'est ni ici ni là, ni sous la pyramide monumentale, ni sous le blé kabyle, que ces morts ont leur vrai tombeau. Ils reposent dans le champ d'honneur, dans le champ sans limites de frontières ni de races, où tant de millions de tués sont ensevelis, depuis que des hommes tombent pour leurs foyers et leurs autels. Je l'ai entrevu, cet enclos du souvenir, immense, attirant, désolé, radieux, du bord de ce charnier d'Icherridène, où je songeais, la tête découverte, avec mes deux enfants par la main.

XLVI

Voilà un épisode des mille combats que les nôtres eurent à subir pour conquérir ce pays. C'est notre plus fraîche légende de victoire. Elle vit dans tous les souvenirs. Ce qui est moins connu, c'est la lutte que l'armée soutient encore sur la ligne des frontières marocaines et sahariennes. Il faut le déplorer, car il serait urgent de recommander les officiers qui gardent ces postes à la sollicitude de la France. J'ai constaté de mes yeux dans quel dénuement — il faut appeler les choses par leur nom — on les abandonne. La misérable « indemnité de soleil » qu'on leur octroie pour le principe est, dans la pratique, une dérision. S'il ne s'agissait que de souffrances et de privations, ils les accepteraient avec plaisir. Mais les conditions dans lesquelles on les fait vivre ont de fâcheux inconvénients. Elles atteignent leur intelligence et leur activité. Elles les empêchent d'accomplir tout leur devoir. Moralement et matériellement elles les diminuent.

Qui rendre responsable de cette incurie? Personne. Le cas des officiers est le même que celui des marins; ils ne font pas de politique; la discipline leur cloue la bouche: donc personne ne s'occupe d'eux, on ne songe pas que l'officier est un homme comme un autre, exposé au découragement, à la maladie, on prétend que ses forces soient, comme son énergie, sans limites.

Il ferait bon conduire ces chauvins optimistes en villégiature d'été, dans les postes du Sahara algérien, à Ghardaïa, à El-Golea, à Ouargla, ou même, tout simplement, à Touggourt et à Géryville. Pendant trois mois de l'année, il y faut supporter des températures qui oscillent entre 40 et 52 degrés à l'ombre. A Ghardaïa, en un quart d'heure, nous faisions cuire un gigot au soleil avec un appareil en verre qui avait appartenu, autrefois, au colonel Flatters. Au mois d'août, à Touggourt, j'ai relevé 54 degrés au thermomètre du bordj. La ville était déserte, le commandement supérieur laissé à un sous-lieutenant indigène; tous les officiers avaient dû venir en France pour prendre les eaux. Nous ne trouvâmes dans le bordj qu'un médecin frappé d'insolation qu'un confrère militaire, appelé en hâte de Biskra, et malade lui-même, disputait à la mort.

A Ouargla, quelques jours avant notre arrivée, un soldat était décédé de la fièvre paludéenne. On n'avait pas trouvé de bois pour lui fabriquer un cercueil. On avait cloué, bout à bout, des débris de caissettes qui servaient à envoyer de l'absinthe aux officiers. Et le mort était sommairement emballé dans une boite à claire-voie, avec des bariolages d'inscriptions sur toutes les coutures : *Pernod... Cusenier...Pernod...*

Les vivants n'étaient pas mieux traités que les morts. Dans l'horrible kasbah en ruine où le bureau arabe nous avait donné l'hospitalité, les scorpions étaient si nombreux qu'il fallait coucher avec des poules pour se garer des piqûres. Hors de la ville, le bordj tout neuf n'était guère plus habitable. Le Génie a élevé cette énorme bâtisse sans donner un coup d'œil à la ville indigène, sans chercher s'il n'y avait pas lieu de faire quelque emprunt à des coutumes d'architecture qui ont pour elles l'expérience des siècles. Il a bâti sans modifier en rien ses plans ordinaires, comme s'il construisait une caserne pour un faubourg de Lille. Il y a des glaces dans les chambres des officiers supérieurs, des cheminées de marbre, de belles fenêtres bien larges, qui laissent entrer la chaleur et les mouches, qui rendent tout repos impossible. Mais l'officier n'a pas de lit, pas d'armoire, pas de chaises. Dans un coin de sa belle chambre, il est couché, par terre, sur un matelas. Ses vêtements sont suspendus par des clous à la muraille : où aurait-il pris de l'argent pour faire transporter des meubles à dos de chameau depuis Biskra ? Et, à supposer que quelque galopin des compagnies de discipline sache manier le rabot, qu'il soit en état d'établir une armoire ou une chaise, on n'a pas de bois à lui donner.

Entendez-vous-cela ? pas de bois ! pas un pauvre petit bout de planche. Il va de soi qu'on ne songe pas à mettre la hache dans les palmiers de l'oasis. Quant au sol, il ne produit que de la boue et du sable ; c'est une dune qui s'est mise en mouvement sous cette bâtisse trop lourde. Et le bordj, le bordj tout neuf, le bordj qui vient de coûter plus d'un million est déjà fendillé comme une ruine...

Même incurie pour les questions de ravitaillement et de nourriture. Il faut avoir passé quelques journées au seuil d'un bureau arabe et assisté au défilé de gens en burnous qui arrivent là avec des paroles mielleuses et la trahison dans le cœur, pour comprendre les difficultés de cette politique du Sud. Il est nécessaire que le commandant supérieur de ces avant-postes parle la langue dans les nuances. Il faut qu'il connaisse toutes les histoires de razzias, les vengeances de famille ; qu'il surveille les déplacements de tribus, qu'il entretienne les rivalités religieuses, les haines de çof à çof. Des années de séjour permettent seules d'acquérir ces connaissances. On ne les lègue pas dans un rapport à son successeur. Le chef de poste qui veut tenir tête aux indigènes doit renoncer à la vie européenne. Il fait vœu de célibat ; les femmes et les enfants ne peuvent vivre dans cette fournaise. Lui-même abrège ses jours. Autour de lui il voit mourir en deux heures, d'un accès pernicieux, de grands garçons qui, le matin s'asseyaient à sa table, et qui, le soir, sont couchés sous la dune.

Au M'zab, à Ghardaïa j'ai été l'hôte d'un de ces hommes d'élite M. le colonel Didier. Le colonel est arrivé au M'zab avec les canons qui imposaient notre alliance. Il s'est dit que c'était un but suffisant à une vie que d'asseoir sur sept villes la domination de la France. Il s'est fait diplomate, agriculteur, législateur, horticulteur. La politique du Sud est dans ses mains. Un jour on l'a déplacé ; on l'a envoyé en Tunisie ; il a fallu qu'on le priât de revenir à son poste pour achever l'œuvre qui s'écroulait derrière lui.

Certes la France est brillamment, intelligemment

servie dans le Sud, mais le cas d'un chef maintenu dans son poste pendant des années — comme le colonel Didier — est presque unique. Où trouver des hommes qui renoncent à tout pour se charger de pareilles responsabilités, des hommes qui enterrent leur vie, leur ambition, leur cœur? Où même en trouver qui aient la force de résister, si longtemps, à un climat meurtrier?

En dehors des aptitudes physiques, l'excellence de l'hygiène serait ici d'un grand secours. Les Anglais, qui veulent maintenir à tout prix, pendant des années, les mêmes officiers dans des postes de frontières, ont porté leur attention sur ce point essentiel! La table de ces officiers est servie aux frais de la reine. On ne considère point comme un détail insignifiant que les garnisons d'avant-garde soient dans un état de bien-être ou de malaise physique. On sait que l'effort intellectuel est en proportion de la santé. Et quand ces militaires d'élite ont usé leurs forces au service du pays, on réserve des retraites exceptionnelles à leurs vieillesses prématurées.

Nous autres, que faisons-nous?

On retrouverait dans les cartons du ministre de la guerre le mémoire d'un médecin militaire de Ouargla qui, mourant du paludisme, dictait les dernières observations qu'il avait faites sur soi-même.

« Je n'ai connu, disait-il, qu'un officier qui ait pu

résister dix-huit mois au climat de Ouargla sans venir soigner son foie en France. C'est le capitaine X., à qui sa fortune personnelle permettait de boire exclusivement de l'eau de Vichy. »

A qui appartiennent ces sources minérales dont l'usage permettrait à nos officiers de se maintenir dans les postes du Sud? A l'État. Il pourrait fournir l'eau à ses officiers gratuitement, du moins à bas prix. Il laisse ce trafic aux mercanti. A Ouargla, une bouteille d'eau de Vichy coûte plus de deux francs : les officiers ne peuvent en boire.

Il faut pardonner quelque nervosité à des gens qui supportent tant de misères sans se plaindre. D'ailleurs ils sont ici les conquérants ; ils disent presque tout haut :

— L'Algérie est notre œuvre. Qui a fondé Bel-Abbès, Sétif, Batna, Aumale, le Fondouk, Bouffarik?...

Ils comparent la sécurité des territoires militaires avec le gâchis des communes de plein exercice, l'indiscipline de tant de communes mixtes.

Ils déclarent :

— Regardez une commune comme Tebessa, qui groupe sur son territoire les trois variétés d'administration algérienne. A la seule politesse des indigènes croisés sur la route, on sait si l'on se trouve en bureau arabe, en commune mixte ou en pays de lein exercice.

Ils constatent que l'uniforme leur assure, aux yeux de l'indigène, une supériorité éclatante sur les fonctionnaires de tout grade. Ils savent bien que ces populations remuantes ne seront jamais contenues que par la force. Ils se sentent indispensables. Ils se sont habitués à considérer l'Algérie comme leur bien, comme le champ béni de l'avancement.

Dans cet esprit de corps, quand l'armée dut transmettre à l'administration civile les territoires qu'elle avait conquis et organisés, elle ne cacha pas que l'on aurait à regretter cette usurpation. Elle s'arrangea pour donner de l'effet à sa prédiction. Elle retarda l'heure de la pacification complète, qui aurait eu pour résultat son complet effacement. Cette hostilité se trahit ouvertement par des actes décidément répréhensibles. En maint endroit, avant d'abandonner ses postes à l'administration civile, l'armée *brûla ses archives*. Partout elle les emporta. Elle dit à ses successeurs :

— Débrouillez-vous !

Elle ne songea pas que, en même temps qu'eux, elle mettait la France en échec.

On touche ici un vice certain de l'intervention de nos militaires dans l'organisation des colonies. Les proconsuls que Rome mettait à la tête de ses armées n'étaient pas seulement des généraux, mais des administrateurs civils. La conquête ne leur apparaissait pas comme un but, mais comme un moyen. Leur idéal était non la gloire, mais l'utile. Rome voulait tirer profit de sa victoire. Au contraire, les officiers brillants qui conquirent l'Algérie ont montré, dans leur première organisation, des préoccupations uniquement militaires. Pour un centre comme Bel-Abbès, dont le choix fut heureux, on cite des centaines de villages bâtis pour les commodités des troupes au gîte d'étape. Il eût suffi de les reculer de quelques kilomètres, de les installer sur une hauteur voisine pour assurer leur prospérité. On les a bâtis sans souci de l'avenir, à la place où le règlement militaire ordonnait au soldat de poser son sac. On a créé non une Algérie agricole et industrielle, mais une Algérie stratégique.

Il était facile de comprendre que le colon chercherait à s'affranchir. Il avait passé la mer souvent par goût de liberté. Il trouvait dans sa nouvelle patrie une autorité plus forte. Il montra tout de suite son impatience de secouer le joug. Alors, on eut un spectacle inattendu. En maint endroit, l'armée, sentant que la domination allait lui échapper, fit sa cour aux colons aux dépens de l'indigène. On me contait naguère, à Akbou, un trait bien caractéristique de cette politique d'occasion. Les Kabyles de Tazmat se souviennent encore que, pendant un été particulièrement sec, le commandant supérieur leur imposa dix mille journées de corvée avec ordre d'irriguer les terres des colons. C'est le souvenir de ces complaisances, bien plutôt que le goût de l'autorité et le désir de sa restauration, qui font demander à des colons (d'ailleurs, notoirement radicaux en politique), un retour à l'administration militaire.

Celle-ci, de son côté, prouve trop souvent, dans des faits, menus ou graves, qu'elle se considère comme dépossédée. Le Génie continue d'accaparer une multitude de territoires ou de bâtisses dont il n'a nul besoin. Il se ridiculise par de sottes tracasseries. Il fait démolir par ses sapeurs des gourbis bâtis sur des terrains vagues. Il empêche que, sur la place du Gouvernement, en plein Alger, on élève un lampadaire, dont l'installation est d'utilité publique. Il fait abattre la tente déployée par un café sur sa terrasse, sous prétexte que, en cas de guerre, cette toile lui masquerait la vue. Cependant, il oublie de sonder le terrain avant de bâtir sur la dune de Ouargla un bordj qui se lézarde l'année même de sa construction. Il gaspille l'argent de la France dans des occasions comme celle-ci où le conflit des administrations entre soi devient presque un crime de lèse-patrie.

De Tizi-Ouzou à Azazga, le Génie avait commencé la construction d'une route stratégique sur la rive droite du Sébaou. Les agents voyers s'avisèrent que ce n'était pas au Génie, mais à eux qu'il appartenait de tracer cette voie. Donc, ils commencèrent une autre route sur la rive gauche du torrent. Ils la poussèrent jusqu'à Meh'la, un village de trois cent cinquante habitants, qui décroît chaque jour.

Ceci ne faisait point le compte du Génie, qui lança un pont sur le Sébaou, afin d'arrêter l'entreprise de ses adversaires. On riposta. A six cents mètres plus haut, près de Tamda (un village de deux cents habitants), les agents voyers jetèrent, en sens inverse, une passerelle par-dessus le fleuve. Ci, pour les deux ponts seulement, une dépense de deux cent soixante-dix mille à deux cent quatre-vingt mille francs...

Toujours l'histoire du Barrage que l'on ferme l'été, du petit pont d'Éric que l'on voulait bâtir en pierres de taille avec deux trottoirs afin d'assurer la la circulation des piétons qui peut-être passeront par ici — à la fin du xxe siècle.

XLVII

L'armée défend sa conquête contre le gouvernement civil, contre l'administration, contre le colon. Elle est sûre que la surface du sol lui appartient; elle croit tenir le pays dans le filet de routes stratégiques dont elle l'a couvert. Illusion qui donne à rire à ses rivaux!

— C'est à moi, répond le Domaine, que ce sol appartient *en réalité*. Les convulsions géologiques ont fait antiquement sortir ce continent des eaux, non point — comme l'armée l'imagine — pour que la graine d'épinards y germât, mais afin qu'un jour le Domaine donnât une existence morale à ces étendues géographiques.

Nous nous sommes comportés en Algérie comme des

conquérants. Nous avons tout pris, puis, au lendemain de la victoire, nous avons invité les anciens propriétaires du sol à faire valoir leurs droits. A défaut de titres, on se contentait du témoignage unanime.

Quand ce reclassement fut achevé, l'État revendiqua la possession des terres dont personne ne pouvait se dire légitimement propriétaire. Il s'attribua l'héritage de l'administration turque (elle payait ses fonctionnaires en revenus de terres), puis les revenus des zaouïas. Il confisqua les dotations des villes saintes : La Mecque, Médine. Il se déclara héritier des successions vacantes. Enfin, par l'application du séquestre collectif et nominatif, il a grossi sa part à chaque révolte des tribus.

Tout cela constitue un immense domaine que des receveurs sont chargés de vendre, de louer, d'administrer. Un seul détail indiquera quelles habitudes de formalisme l'État a transportées dans sa colonie. Les sommiers (en ce pays où le cadastre est encore à établir) accusent des 7,027/524,488^e de cinq centiares que les receveurs doivent gérer comme le reste !

Il va de soi que la possession d'un tel domaine est une charge pour l'État, une charge onéreuse[1].

---

1. Telle parcelle qui rapporte neuf francs de location, coûte trente francs à gérer.

Il devrait attendre avec impatience l'heure où les colons et les indigènes lui auraient loué ou acheté, pour les mettre en valeur, des territoires improductifs; — cependant tout est organisé de façon à rendre ces baux et ces ventes à peu près impossibles. Fidèle à ma discipline je ne répète point ce que l'on m'a conté, j'apporte ma propre expérience.

J'étais donc ces jours derniers en visite chez un receveur des Domaines de la province d'Alger. Je lui demandais quelques explications sur le fonctionnement du séquestre quand quelqu'un heurta la porte. C'était un Arabe, matraque en main. Il avait sur lui la poussière d'une longue route. Il salua bien poliment avec un air d'inquiétude, puis, dans sa langue gutturale, il prononça une phrase que le receveur ne comprit pas.

— *Manarf arbia* (Je ne comprends pas l'arabe), dit-il avec cet air excédé des gens qui passent leur vie à répéter les mêmes paroles.

L'indigène répondit comme un écho :

— *Manarf francès...* (Je ne comprends pas le français).

Et, quelques minutes, en silence on se regarda. Cependant le *manarf arbia* n'avait pas épuisé toute la science du receveur. Il lança dans un abominable « sabir » :

— *Gibt truchmann!* (Amène un interprète).

L'arabe ouvrait la bouche pour répondre, mais on lui envoya un *Ro!* qui ne souffrait pas de contradiction.

Quand la porte fut retombée sur ses talons, le receveur me dit :

— Voilà une comédie que je joue plusieurs fois par semaine, depuis des années. Cet homme vient certainement pour me louer ou pour m'acheter quelque carré de terrain qu'il veut ensemencer ou livrer à ses bêtes. Il ne peut pas croire — il a raison — que celui qui est chargé par l'État de répondre à ses offres se trouve dans l'impossibilité de le comprendre. Il est persuadé que j'y mets de la mauvaise volonté : vous allez le voir revenir.

Le receveur n'avait point fini sa phrase que l'homme au burnous se représenta. Il dit à voix basse :

— *Mandich truchmann...* (Il n'y a pas d'interprète.)

Et ses yeux nous suppliaient. Mais une seconde fois on lui montra la porte en accompagnant ce geste discourtois des deux syllabes qui font partie du vocabulaire de tous les touristes :

— *Balek !* (Va-t'en !)

Un quart d'heure plus tard l'Arabe était de retour. Cette fois il ramenait un gamin indigène, ramassé sur la place, de ceux qui vous poursuivent avec une paire de brosses en criant :

— *Ciri, moussié?*

Bien entendu cet « ouled-plaça » fut incapable de traduire une demande qu'il ne comprenait point dans une langue qu'il ne parlait pas. L'indigène exaspéré voulait le battre. Le receveur dut prendre le gamin sous sa protection. Mais comme celui-ci refusait de rendre les dix sous qu'il s'était fait donner par avance, en payement de son office, il fallut le jeter dehors et l'Arabe après lui.

Nous revîmes pourtant notre homme vers la fin de la journée. Il avait fini par découvrir un muletier espagnol qui lui avait demandé quarante sous pour sa peine. Ce nouvel interprète était en état de nous traduire, tout en gros, les désirs de son client. Alors ce dialogue s'engagea. Je l'ai noté au vol :

— Que veux-tu ?
— Louer un terrain.
— Lequel ?
— Je ne sais pas... un terrain qui touche à ma propriété.
— Dans quel douar et dans quel haouch est-elle située ta propriété ?
— Douar Tachenioun, Haouch Taderma...
— Sais-tu le numéro de ta parcelle ?
— *Manarf...* (Je ne sais pas.)
— Peux-tu au moins me dire son nom ?
— Elle s'appelle Chaoua.
— C'est bon, attends.

Le receveur commença de feuilleter ses sommiers et les numéros de chaque article (il y en avait mille ou douze cents), pour découvrir la trace de ladite parcelle. C'était pure complaisance de sa part. Enfin, il crut la découvrir, et, pour fixer son incertitude, il demanda :

— La terre que tu veux me louer, quelle contenance a-t-elle?

Il parut que le mot « contenance » était sans signification précise pour le muletier et son client, car ils se regardèrent d'un air ahuri. Alors, le receveur dit :

— Je te demande si la parcelle est petite ou si elle est grande? (*meskine oulla kebira*).

L'Arabe, pas plus que notre paysan, n'aime à fournir des réponses précises surtout quand son intérêt est en jeu. Celui-ci répondit donc après un notable silence :

— *Chouia-chouia...* (Entre deux).

— Mon sommier affirme qu'elle contient vingt hectares...

— *Manarf.*

— Voyons... à peu près... combien?

— *Manarf* hectares... cinq journées de labour...

On devine que cette mesure est un peu flottante; il fallut pourtant que le receveur s'en contentât et qu'il la réduisît en hectares. Son compte correspondait à peu près avec l'indication du sommier. Cependant, pour l'acquit de sa conscience, il demanda encore :

— Tu es sûr qu'il n'y a pas de chênes-lièges sur le terrain que tu me loues?... Les Eaux et Forêts ne s'opposeront pas au pâturage de tes bêtes?

Cette fois, l'homme répondit du tac au tac :

— Non! non! il n'y a pas de chênes-lièges...

— Eh bien! c'est bon, je ferai mon enquête, si tu dis vrai, on te louera.

Quand le couple nous eut quittés, le receveur me dit :

— Voilà nos rapports quotidiens avec les indigènes. Autrefois, nous avions dans nos bureaux de recettes des chaouchs, qui savaient lire et écrire l'arabe et le français. Ils se chargeaient de toutes les besognes matérielles. Ils aidaient au recouvrement de l'impôt. Les jours de marché, ils recherchaient les débiteurs récalcitrants. Ils les amenaient au bureau. Ils servaient d'intermédiaires dans toutes les affaires d'achat et de vente. On les a supprimés et c'est un surcroît d'impôt qui est venu, du coup, tomber sur l'indigène déjà si surchargé...

Cette économie est si manifestement néfaste, que je ne pus m'empêcher de dire :

— Comment votre administration s'est-elle laissé enlever sans protestation un serviteur aussi utile?

J'avais affaire à un homme d'esprit. Il déclara :

— Le secret professionnel m'empêche, mon cher monsieur, de vous répondre. Mais quand vous pousserez à Alger, allez trouvez nos supérieurs hiérarchiques, demandez-leur à louer quelque gros morceau, leur réponse vous éclairera.

Quelques jours plus tard je rapportais cette causerie à Éric. Il rit et me conta :

— Je puis te donner le mot de l'énigme. Le Domaine et les Eaux et Forêts ont la même philosophie. Avant d'acheter cette ferme, j'ai eu l'idée de demander une vaste concession d'oliviers et de l'augmenter par des locations. Je suis allé trouver les Eaux et Forêts, je leur ai dit mon projet. Elles m'ont répondu : « Vous ferez mieux de n'y pas donner suite. — Pourquoi ? — Parce que nous vous susciterons toutes sortes d'obstacles. — Mais enfin quel intérêt avez-vous à garder improductives sur vos bras des richesses naturelles que l'on pourrait décupler par la culture ? — *C'est notre raison d'être.* »

XLVII

J'ai déjà eu l'occasion de noter chemin faisant les bizarres conflits dont l'exécution des travaux publics est l'occasion dans ce pays-ci. Le Génie militaire, les Ponts et Chaussées, la voierie départementale, la voierie communale, forment autant de çofs qui vivent sur le pied de guerre. Chacun peut faire son *mea culpa* de bévues énormes qui découragent la colonisation et font rire les indigènes à nos dépens.

Le péché des Ponts et Chaussées, c'est leur routine, leurs dépenses excessives, la manie qu'ils ont de consulter Paris en toute occasion, importante ou futile, alors qu'une décision pratique et prompte est nécessaire sur place.

Quelle compétence peut avoir Paris dans la question de savoir si l'on peut, sans inconvénient, fermer un barrage qui arrose des potagers le long de l'Hamiz? On prétend que le plus honnête homme du monde foudroierait sans remords un mandarin chinois à l'autre bout de la terre. A plus forte raison les ingénieurs parisiens se désintéressent-ils de la mort des choux et des artichauts que nous avons installés le long du torrent. Les barrages leur apparaissent naturellement comme des outils construits tout exprès pour donner aux Ponts et Chaussées l'occasion d'exercer leur science et leur surveillance. Les artichauts et les colons végètent autour de ces beaux travaux d'art comme d'insignifiants comparses.

Le Génie militaire est le coupable fondateur de ces villages d'étape qui ont causé tant de préjudices à la colonisation. J'ai visité un des types les plus complets de cette catégorie disgrâciée, Tablat, au delà du col des Deux-Bassins et de cette première lignée de montagnes qui soutient du côté du sud la plaine de la Metija.

Certes, le bordj de Tablat, avec ses trois cours, son enceinte, ses poternes, ses allures de fort, est un des lieux les plus pittoresques de la province d'Alger. Aux touristes que n'effrayent pas huit ou dix heures de diligence, dont la moitié au pas, le long de sauvages précipices, je recommande cette excursion admirable. Parfois les neiges barrent la route, interrompent les communications pour des jours. J'ai été surpris par leur chute, cet hiver, au moment où je passais le col. Sûrement, je serais demeuré en détresse, si l'on n'avait eu la prévoyance d'envoyer des cavaliers à mon secours. Mais, au printemps, les rocs les plus arides se dorent de lichens ; les petits jardins suspendus par les indigènes à flanc de montagne égayent délicieusement le paysage abrupt. La vue de la mer, du haut des crêtes, est un spectacle vraiment grandiose.

Donc il faut marquer d'une croix, sur la carte des touristes, le village de Tablat, siège d'une commune mixte, qui groupe au moins quarante mille indigènes sous les ordres d'un administrateur. Mais quelle ne dut pas être l'angoisse des pêcheurs bretons et normands que l'administration envoya, il y a quelques années, en 1875, pour coloniser ces rocs ?

On a bien lu : des pêcheurs.

On les avait fait venir pour peupler le petit port d'Azefoun, qui ne se trouva pas prêt pour les recevoir. Ils auraient pu causer des ennuis à l'Administration si on les avait laissés sur la côte, dans le voisinage des villes. On les jeta par-dessus le col des Deux-Bassins. Ils arrivèrent sur ces sommets de montagne avec leurs filets sur l'épaule...

Qu'est-il advenu d'eux ?

Il ne reste aujourd'hui que deux exemplaires de cette génération sacrifiée : l'un s'est établi cafetier, l'autre forgeron. Et Tablat, groupé autour de son bordj n'est plus qu'un village de fonctionnaires. Il est colonisé par un administrateur, ses adjoints, ses secrétaires, ses employés de bureau, un juge de paix et un suppléant, un greffier, un commis-greffier, un huissier, un interprète, un commis-interprète, un receveur des postes, quelques gendarmes, un receveur des contributions, un porteur de contraintes, un garde général des forêts, dix gardes forestiers, — (il n'y a pas de forêts à Tablat, mais il faut bien utiliser les locaux disponibles), — une maîtresse d'école, un garde des eaux, un garde champêtre, un cafetier, un forgeron, une épicerie mozabite et un juif, représentant des gros juifs d'Alger, qui fait de l'usure avec les indigènes...

Tout l'univers, dit-on, peut se refléter dans une goutte d'eau. Est-ce que Tablat serait le désolant symbole de la colonisation officielle en Algérie ?

XLVIII

Les Américains nous ont enseigné la vanité de former des centres de population sur des points qui ne sont pas en facile relation avec le reste du pays.

Chacun sait que l'emplacement de la nouvelle cité une fois choisi, on le rattache tout d'abord aux centres déjà colonisés par une ligne de chemin de fer. C'est le wagon qui apporte les matériaux de la ville future, les boîtes de conserves dont les ouvriers se nourriront et que, vides, ils empliront de terre pour bâtir leurs premiers abris.

Nous autres, nous installons le chemin de fer en dernier lieu, quand la colonisation a rendu les expropriations si onéreuses, que la dette obligé les compagnies à établir des tarifs trop coûteux.

Je me suis laissé conter toutefois, par d'honnêtes gens (au besoin, ils feraient la preuve de leurs dires), que l'influence électorale a été, ici comme partout, funeste.

— Les chemins de fer, m'assuraient-ils, sont, en Algérie, une nécessité si vitale, que les colons producteurs, les simples consommateurs auraient donné aux compagnies le libre passage sur leurs terres si l'on avait fait de cette largesse la condition de l'établissement des lignes. Mais les colons ont été circonvenus et mal conseillés. Ils ont refusé le prix de quatre cents francs l'hectare que l'on offrait en moyenne. Ils ont demandé des milliers de francs que les tribunaux leur ont accordés. Vous jugerez de l'appui que les colons ont dans l'occasion trouvé près de leurs députés par les extraordinaires faveurs dont furent alors l'objet les indigènes qui avaient de bons rapports avec la représentation coloniale. Voulez-vous des exemples ? Au hasard ? Avez-vous parcouru la ligne Beni-Mansour à Bougie ? Vous auriez pu voir par la portière du wagon les restes de trois hectares, clairsemés d'oliviers, que l'Est algérien a payés soixante mille francs à Ben Ali Chérif. Ailleurs, le caïd ben Mohamed Arezki voulait donner pour rien au *Belik* (à l'État), deux petits hectares que coupait la ligne. Soudain, obéissant à quelque influence connue ou inconnue, il a changé d'avis. Il a demandé dix mille francs de son bout de terrain, il en a obtenu huit mille. Pourquoi ménagerait-on l'argent de l'État ?

XLXIX

On dira :

— Il est possible que nous ayons été maladroits en Algérie. Mais il ne se peut pas que notre organisation de la justice n'ait pas donné aux indigènes des motifs de nous estimer.

Il est certain — à juger par ce qui subsiste du système ancien, que la justice du Belik fut merveilleusement corrompue. On peut s'en faire une idée par les roueries dont usent encore les « chaouchs » que nous avons gardés à notre service.

J'en ai connu un, cet hiver, qui était le modèle du genre. Il se nommait Ali-ben-Belkassem ; il se haussait le turban comme un personnage de grandes tentes, et il autorisait ses protégés à le traiter de

« Sidi ». Sidi Ali-ben-Belkassem, ni plus, ni moins.

Ses fonctions étaient celles du chaouch moderne, c'est-à-dire qu'il n'avait plus la distraction de décapiter ses coreligionnaires sur les marchés, après un jugement sommaire; même, il n'était pas autorisé à les bâtonner officiellement. Ces abolitions lui laissaient l'âme dolente. Il disait souvent à son chef hiérarchique :

— Moussié Aministrator... lis fèves i veut di l'eau... li salad' i veut di l'eau... li poumm' di terre i veut di l'eau... li Arab' i veut di bâton.

On le laissait jaser. Il se vengeait en accablant de coups les meubles du bureau qu'il balayait tous les matins. Après cette poussière, il revêtait son manteau de cavalier, bleu à passe-poils garances; il enfilait ses bottes rouges, il s'installait à la porte de M. l'administrateur, sur son banc d'huissier.

C'était lui qui entre-bâillait le battant quand le maître faisait résonner son timbre; mais il se présentait avec une dignité si importante, il avait une façon si obséquieuse et tout ensemble si familière de prononcer ces deux mots : « Moussié Aministrator?... » que les « mesquines » qui assistaient à ces entrevues prenaient en effet le chaouch pour un rouage important de l'Administration. Ils sollicitaient ses bonnes grâces. Il leur vendait sa protection.

Donc, quand on apporta la nouvelle que Mohamedben-Ali-ben-Ramdan, caïd des Ouled-Azouz, venait de remettre entre les mains d'Azraël son âme centenaire. Le chaouch grimaça de plaisir.

Tout de suite il songea :

— Ce sera pour moi une affaire de deux cents douros.

Bien entendu, il comptait le douro à cinq francs cinquante, comme dans le bon temps.

Trois concurrents se disputaient la succession du mort : un certain Aïssa-ben-Ahmed, un certain Kouider, un certain Ben-Medaguin. M. l'administrateur avait biffé la candidature de Medaguin d'un trait de plume.

Le chaouch avait vu la pièce sur le bureau. Mais il écrasa vainement son oreille contre la serrure; il continua d'ignorer si les chances d'élection inclinaient vers Aïssa ou du côté de Kouider.

Cela ne l'empêchait point de se promener sur le marché, avec le front d'un homme qui porte tous les secrets de son maître.

Il aimait à circuler ainsi, le menton haut, les éperons sonnants, le manteau jeté sur l'épaule. Si quelques « mesquines » encombraient le passage, tout de suite il jouait de la matraque. Il laissait baiser ses mains par les gens timides. Il recueillait, d'un air important, les hommages qu'on lui envoyait du fond des tentes :

— Salut, Sidi Ben-Belkassem !

Il ripostait : « Salut… Salut… » du bout des dents, sans se retourner, sans nommer personne. Son arrogance faisait entendre :

— Si je voulais, moi, je ferais tomber toutes vos têtes.

Comme il côtoyait le gourbi où des écrivains publics tiennent les comptes du marché, un homme sortit vivement de l'ombre et se jeta à sa rencontre. C'était ce Medaguin dont M. l'administrateur avait dit :

— Celui-là, il n'est même pas en cause.

Le chaouch fit un écart, comme s'il apercevait une bête venimeuse. En même temps, il cria à haute voix :

— Arrière, Ben-Medaguin ! nous n'avons rien à faire avec toi, ni avec ton sang !

Il passa, laissant le Medaguin atterré sur la place.

Continuant sa tournée, le chaouch vit qu'Aïssa-ben-Ahmed accourait pour le questionner. Il se laissa poursuivre ; mais quand Aïssa l'eut rejoint, ils échangèrent les saluts.

L'homme était grisonnant ; la course l'avait épuisé. Il demanda entre deux quintes :

— Qu'y a-t-il de nouveau pour moi, Sidi Ali-ben-Belkassem ?

Le chaouch répondit sur un ton de confidence :

— Viens me trouver un de ces jours…

Et pour commander la discrétion, il posa un doigt sur sa bouche.

Il ne voulait point quitter le marché sans avoir aussi échangé quelques paroles avec le troisième candidat. A la vue du chaouch, Ben-Kouider se hâta de déposer sa tasse. Et les deux hommes, courant l'un vers l'autre, se baisèrent au front, puis derrière les oreilles. Alors, Kouider demanda :

— Sidi Ali-ben-Belkassem, on m'a dit que tu venais de parler à ce chien, fils de chien, Aïssa-ben-Ahmed. Se peut-il que tu sois contre moi ?

Le chaouch sourit avec mystère et, se penchant sur Kouider, il lui rebaisa la nuque. Au passage, il lui glissa dans le tympan :

— Viens me voir...

Après la prière, le chaouch aimait à jouer aux cartes dans le poste du bordj. Un soir, qu'il se livrait à ce passe-temps favori, on l'avertit que Ben-Kouider le demandait au dehors.

En fonctionnaire qui sait se faire attendre, le chaouch acheva tout d'abord sa partie ; puis, ayant roulé une cigarette, ramassé les plis de son manteau, il descendit au rendez-vous.

Il trouva Ben-Kouider au premier tournant de muraille, et, comme s'il eût craint des espions, il l'entraîna derrière des eucalyptus.

Quand ils furent à l'abri des regards, le chaouch demanda :

— Que veux-tu de moi, Kouider ?

L'autre avait emmagasiné du souffle afin de pousser sa phrase d'un seul jet. Il lança :

— Sidi Ali, par ton vieux père... par ta tête chérie... soutiens-moi... protège-moi... fais-moi triompher de notre ennemi... car cet Aïssa... (que Sidi Ben-Abd-Alla m'écorche vif si je mens !) est ton ennemi autant que le mien ! L'autre jour il a dit publiquement que tu n'étais qu'un esclave... un nègre... et encore qu'il réussirait sans se servir de toi !... Sidi Ali-ben-Belkassem, tu sais si moi je t'estime et te vénère, tu sais...

Le chaouch éleva la main pour commander le silence. Il dit simplement :

— Qu'est-ce que tu m'offres ?

— Ce que je t'offre, Sidi ?

— Oui. Combien me donnes-tu pour me mettre dans tes intérêts ?

— Mais, Sidi...

— Je veux deux cents douros.

— Deux cents ?...

— Ecoute ! je ne veux pas abuser d'un vieil ami comme toi... Cet Aïssa est, vois-tu, très chaudement recommandé à Monsieur l'administrateur. Il sera nommé... si je ne m'en mêle pas, et encore ! je ne suis pas certain de réussir... Donc nous allons trouver ensemble Sidi Amar... Tu sais, le bon marabout... C'est un saint homme ! Tu remettras entre ses mains les deux cents douros... Si Aïssa est nommé : tu les reprendras !... Si c'est toi qui as la place, tu me les donneras pour ma peine... Est-ce convenu?

Le candidat réfléchit, car la somme lui semblait forte. Mais s'il était nommé caïd, il songea qu'il aurait tôt fait de la rattraper. Donc, il prit la main que le chaouch lui tendait et tous deux portèrent leur index à leurs lèvres.

— Entendu, Sidi Ali ! Tu as raison de dire que tu es un honnête homme, un frère pour tes frères...

Pour le soulagement de son cœur, il ajouta :

— Mais Aïssa est un cochon, un fils de cochon...

— Nous disons deux cents douros d'argent? répondit le chaouch, car, chacun de son côté, ils suivaient leur pensée.

Le même soir, comme le chaouch descendait au village pour y vider quelques tasses aux dépens de sa clientèle, Aïssa-ben-Ahmed le heurta près du café Maure.

Aussitôt le vieil homme saisit le chaouch par le cou :

— Sidi Ali, s'écria-t-il, par le saint prophète, par les chers objets de ton désir, épouse ma cause, fais-moi victorieux de notre adversaire !... Car, sache-le, ce Kouider (que Sidi Abd-el-Kader m'arrache la langue, si je te trompe !...) ce Kouider est ton adversaire autant que le mien !... Le mois dernier, il a dit dans le café Maure que tu es le plus grand voleur de la commune mixte... Il a même ajouté : « Quand je serai caïd, je débarrasserai le pays de ce juif. » Il a dit juif, Sidi Ali... ni plus ni moins !... Et moi... je souffrais de l'entendre !... car... je te tiens pour un honnête homme... comme moi... Sidi Ali... je te prêterais... je te prêterais.

— Combien me donneras-tu, pour te recommander au Maître ?

A ce moment, le chaouch aperçut un palefrenier qu'il avait fait entrer au bordj pour ramasser le fumier des chevaux. De loin, il lui cria en français :

— Messaoud ! As-ti douné li grain à la joument di Moussié Aministrator ?...

Il savait bien que la bête avait reçu son orge, puisqu'elle l'avait mangé en sa présence ; mais il jugeait que le nom auguste, jeté si haut, et de si loin, lèverait les hésitations d'Aïssa.

Il reprit donc, en arabe :

— Voici ce que tu feras. Demain, nous irons trouver Amokran, le marabout des Ouled-Azouf... C'est un homme sûr et discret. Tu mettras entre ses mains deux cents douros.

— Deux cents, Sidi Ali !

— Des douros d'argent... Et tu lui diras : « Si je suis nommé caïd, tu remettras cette somme à notre cher ami Sidi Ali-ben-Belkassem... »

— Et si c'est Kouider qui a la place?

— Alors... (que la volonté d'Allah s'accomplisse!) tu reprendras ton argent...

— Toute la somme, Sidi Ali?

— Toute la somme, Aïssa...

Le vieux se jeta en avant pour baiser e front du chaouch :

— Sidi Ali, s'écria-t-il, aussi vrai que ce Kouider est un fils de cochon, tu es, toi, l'espoir des croyants...

Mais le chaouch se déroba dans un recul de modestie :

— Dis seulement, Aïssa, que je suis un honnête homme.

L

Nous avons tenté d'arracher l'indigène aux mains de ces « honnêtes gens-là. » Nous l'avons soumis à notre système de justice civile. A-t-il beaucoup gagné au change ?

J'ai recueilli à ce sujet les doléances d'un jeune juge de paix qui aime son état, qui a le respect de sa fonction. Il rougit pour la France et pour lui-même de la façon dont la justice s'exerce.

— Nous avons, me disait-il, remplacé les cadis qui, au nom du bey, exerçaient la justice civile et la justice répressive. Ils se transportaient sur les marchés, à califourchon sur une mule et entourés de leurs chaouchs. Ceux-ci bâtonnaient sur leurs ordres. Ils coupaient le poignet ou le cou. Ils obligeaient les condamnés à payer l'amende. Bien sûr les cadis étaient des concussionnaires ; les Arabes le savaient ; ils ne s'en fâchaient pas. Ils ne manquent pas une occasion de nous faire remarquer que l'appétit des cadis était moins ruineux que le taux de nos frais de justice, que les honoraires d'huissier, d'avoué et d'avocat.

Je gagerais que cette nouvelle surprendra en France bien des gens de bon sens ; les formules de procédure dont on use dans la campagne envers les indigènes sont exactement celles où nous autres nous débattons. Pour tout ce qui est « affaire réelle » l'indigène relève du juge de paix, comme le premier Français venu. On lui envoie par huissier une invitation à comparaître, qui lui est comptée au taux légal ; mais comme le prix de ces démarches croît avec le nombre des kilomètres que le porteur de la pièce doit parcourir, la citation coûte un prix exorbitant lorsqu'elle touche enfin l'indigène poursuivi. J'ajoute qu'elle est grevée, — en sus des frais ordinaires, — d'un droit de traduction ; le greffier l'avait rédigée en français, on a dû la porter chez l'interprète. Ainsi le greffier, l'huissier et l'interprète ont déjà « fait des frais » avant que rien soit commencé.

Comme les douars sont éparpillés par toute la commune, séparés les uns des autres par de formidables distances, l'huissier attend toujours, avant de se mettre en route, d'avoir pu grouper plusieurs affaires qui intéressent le même douar. Bien entendu, il fait payer à chaque partie ses frais de déplacement comme s'il se dérangeait pour son seul usage. A ce régime, il a vite gagné de quoi se payer une voiture et de bons chevaux.

Quand le juge de paix se transporte sur un marché pour tenir ses audiences foraines, il *arrive presque toujours dans la voiture de l'huissier*. Lui, il gagne deux mille quatre cents francs par an ; ce n'est pas de quoi entretenir une écurie. Il ne peut songer davantage à faire la route à pied. Il lui faut donc accepter auprès du porteur de papier timbré cette position subalterne. C'est le mot exact : l'indigène est un primitif. Il juge de toutes choses sur les apparences. Pour lui, le personnage officiel qui va en carrosse est le supérieur du fonctionnaire qui use ses semelles dans les mauvais chemins. Sur le siège de l'huissier, le juge de paix fait figure de laquais.

Ce sont là des inconvénients que l'on n'aperçoit guère de France, mais comment ne s'est-on point avisé, par simple clarté du bon sens, que l'on compromettait la justice en n'exigeant point que le fonctionnaire qui la rend comprît la langue de ses administrés? Le juge de paix est entièrement à la merci de son interprète. Celui-ci est le plus souvent un indigène ou un juif. C'est assez dire quels abus masquent une apparence de légalité.

D'ailleurs, si le formalisme de notre procédure est oiseux avant l'intervention du juge de paix, il devient ridicule après. Il faut que la partie qui a gagné fasse exécuter le jugement à son profit. Son bon droit lui coûte gros. Elle doit payer tout d'abord l'enregistrement, les frais de greffe, puis elle verse une provision à l'huissier, car celui-ci ne se transporte point qu'il n'ait vu l'argent sur la table.

J'ai suivi de près les péripéties d'une de ces comédies dont le dénouement a été lugubre.

Un certain Ahmara était accusé par un certain Bel-Kassem d'avoir déplacé une borne à la limite de leurs propriétés respectives et ensemencé d'orge tout un champ qui appartenait à son voisin. Le débat fut porté devant le juge de paix avec les formes, les délais ordinaires, et l'indélicat Ahmara, condamné par défaut.

Les deux parties n'étaient pas plus riches l'une que l'autre, aussi Bel-Kassem dut vendre son unique chameau pour obtenir que l'huissier vînt signifier le jugement à l'usurpateur. Ahmara l'attendit de pied ferme au seuil de son gourbi. Il reçut le papier timbré, la traduction en arabe, les posa sur sa natte et s'assit dessus avec sérénité.

Qu'en eût-il fait?

Il n'y a pas un indigène sur cinq cents qui lise des caractères arabes ou français. Il n'y en a pas un sur dix mille qui puisse comprendre un traître mot à la rédaction d'un jugement. Encore est-il que, dans l'occasion, Ahmara fit preuve de courtoisie. Beaucoup de ses coreligionnaires refusent purement et simplement de recevoir le papier timbré. Par là ils s'imaginent arrêter tout l'effet de la procédure.

D'ailleurs, la bonne volonté du débiteur n'alla pas au delà de cette politesse. Il ne songeait ni à rendre le champ ni à payer les frais. Il ne se dérangea pas.

Quand les délais légaux furent authentiquement épuisés, l'huissier se remit en campagne.

Cette fois il apportait un commandement :

— Songe bien, dit-il à l'entêté, que si tu m'obliges à remonter ici, je dresserai un procès-verbal de saisie.

Ahmara estimait que ce nouveau papier timbré ne devait pas être beaucoup plus dangereux que les autres. Il se laissa saisir. On fit donc afficher et crier dans les marchés du voisinage que « en exécution d'un jugement..., etc. », tel jour, en tel lieu, le mobilier d'Ahmara serait vendu au profit de Bel-Kassem.

Quand on eut payé tous les gens de justice, il ne restait rien à remettre au gagnant. Encore s'il avait eu la satisfaction morale de rentrer en possession du champ dont on l'avait dépouillé! Mais, quelques jours après la vente, il vint avertir le juge de paix qu'Ahmara continuait d'occuper le champ comme devant et que, même, il le gardait la nuit, par crainte des maraudeurs.

— Il a feint, gémissait Bel-Kassem, de me prendre pour un de ces gens-là, et il m'a roué de coups, l'autre, soir comme je passais à la lisière de ses orges.

— C'est bon, dit le juge de paix, nous allons faire arrêter Ahmara.

Les gendarmes se mirent en route; mais leurs bicornes se voient de loin; leurs déplacements sont toujours signalés une bonne heure à l'avance. Quand ils arrivèrent au champ d'orge, Ahmara s'était évanoui. D'ailleurs, ils n'avaient pas redescendu la montagne, que le coquin surgissait de quelque trou, et venait, jusque devant le gourbi, narguer son adversaire.

Il le ménagea si peu dans ses discours, que Bel-Kassem, à la fin exaspéré, saisit une hachette et la lui planta dans le crâne.

Le lendemain, je prenais le café chez l'administrateur de la commune, quand on vint nous avertir qu'un personnage couvert de sang demandait à être introduit.

C'était Ahmara. Il se décoiffa successivement de trois ou quatre chéchias collés ensemble par le sang coagulé. Enfin, il découvrit sa tête rasée.

— Regarde, disait-il, regarde...

La plaie était affreuse, le cerveau à découvert, la hachette ayant fait sauter un fragment triangulaire de la boîte crânienne. Ahmara l'avait ramassé et recueilli dans un coin de mouchoir qu'il nous dénoua :

— Mais, malheureux ! dit l'administrateur, tu ne devrais pas être dans les chemins avec une blessure pareille. Je vais faire appeler le médecin.

Ahmara secoua la tête.

— Non, dit-il. J'ai seulement voulu te montrer le mal qu'on m'a fait pour que tu juges Bel-Kassem. Tu vas le faire arrêter, dis ?

— Mais cela ne me regarde pas, je vais avertir le juge.

— Où est-il, le juge ?

— Au bas de la montagne, à la ville.

Rien ne put retenir le blessé. Il voulait montrer sa plaie au juge, dans l'espoir que Bel-Kassem subirait, après cela, une condamnation plus forte. Il se recoiffa de toutes ses chéchias, il se mit en route à pied, cent kilomètres pour descendre dans la plaine, autant pour regagner son gourbi. Il exhiba sa blessure comme il le souhaitait. Mais il n'eut pas la satisfaction d'assister à la condamnation de la partie adverse. Il mourut le surlendemain de son retour.

Je ne dis pas que sa tribu ait fait une grande perte, je conclus seulement qu'il faut prendre les indigènes pour ce qu'ils sont, pour de grands enfants. On agirait sagement en remettant les affaires purement indigènes aux décisions du cadi. Il jugerait mieux que nous ne le pouvons faire, dans l'esprit de sa race. Il conviendrait seulement de surveiller le recrutement de ces fonctionnaires. A l'heure qu'il est, ils sortent des zaouïas. Il y a une école musulmane supérieure à Alger, une medersa où l'enseignement est donné sous notre contrôle. On y pourrait former des cadis dans le style nouveau, dont la gestion serait exactement surveillée.

Quant aux petits délits, vols de poules, dégâts dans les champs, etc., il ne serait que sage d'en remettre la répression aux mains des administrateurs. On ajouterait un article ou deux au code de l'Indigénat et la série des vols impunis diminuerait comme par enchantement. Il n'y a pas de tribu où tout le monde ne connaisse et ne nomme les voleurs professionnels. Mais comment les atteindre avec un code qui a été imaginé pour les besoins d'un peuple comme le notre, parvenu à une extrême civilisation, un code qui a pour base le témoignage, le respect de la vérité?

LI

En matière de justice indigène cette fiction est une sottise.

— Nous autres, Arabes, disait un témoin dans l'affaire Arezki, nous témoignons pour une tasse de café.

Il n'est même pas nécessaire que l'intérêt ou la gourmandise s'en mêlent ; en dehors de l'esprit de çof, qui ordonne à l'affilié de soutenir les siens par le serment comme par les armes, « qu'ils aient tort ou raison », la religion des vaincus leur enseigne qu'égarer le roumi, lui rendre l'exercice de la justice impossible, est un acte méritoire. Personne ne songe à faire jurer les musulmans par le Christ ; c'est une utopie tout aussi forte que de leur faire lever la main sur le Coran. Leur casuistique les délie de toute sincérité à l'endroit de leurs vainqueurs ; d'autre part, l'opinion publique considère le mensonge comme une habileté permise, digne d'estime si, au bout du compte, elle fait triompher le faux témoin.

M. le procureur de la République d'Alger me racontait dernièrement un fait qui met cette tare de la morale musulmane dans une éclatante lumière.

Un magistrat avait été appelé dans un douar pour y constater la mort d'un caïd, tué d'un coup de fusil. Il se transporta sur le lieu du crime, examina le corps, interrogea des témoins.

Le premier qu'il cita devant lui dit :

— Voilà : le caïd était assis sur une pierre, entre ces deux oliviers. Soudain, des hommes du çof ennemi sont arrivés au galop. Ils ont fait feu sur lui, par derrière. Puis ils ont tourné bride ; mais tout le monde les a reconnus.

Trente témoins contèrent l'événement dans les mêmes termes. Tous affirmaient qu'ils avaient suivi les péripéties de la scène. Leurs témoignages concordaient si exactement que le magistrat, en homme d'expérience, se dit :

— On me trompe. Ces gens répètent une leçon concertée.

Donc il laissa passer plusieurs semaines. Un matin,

on l'avertit qu'une des veuves du mort demandait à être secrètement entendue. Il la reçut. Elle déclara :

— On t'a dit que mon mari avait été tué par deux cavaliers...

— Oui, eh bien?

— On t'a trompé.

— Je le sais.

— Sais-tu qui l'a tué?.. Son fils,... son fils aîné... C'est un mauvais sujet;... ils ont eu une querelle ensemble pour de l'argent;... alors, le garçon,... pan!... il a tiré sur le père!...

Cette hypothèse était très vraisemblable. Le vieux caïd avait un fils mal noté et surchargé de dettes. Toutefois le magistrat demanda :

— Comprends-tu bien la gravité de l'accusation que tu portes?

— Parfaitement.

— Et tu pourrais appuyer ton témoignage sur d'autres témoignages?

— Monte seulement au douar et interroge les femmes... un jour que les hommes seront absents,... tu verras ce qu'on te répondra.

Le magistrat suivit ce conseil. Une douzaine de femmes défilèrent devant lui. Elles répétèrent l'une après l'autre :

— Voici ce qui s'est passé... C'est son fils qui l'a tué... Son fils aîné... C'est un mauvais sujet... Ils

ont eu une querelle ensemble pour de l'argent...
Alors le garçon... pan !... il a tiré sur le père.

— Du diable ! se dit le magistrat en redescendant à la ville, ces témoignages ne varient pas d'un iota On me trompe encore !

Il connut la vérité un mois plus tard.

Le vieux caïd avait reçu une balle perdue, dans une fantasia, un soir de noce, par hasard. Elle l'avait tué sur le coup. Tout le monde savait que cette mort était le résultat d'un accident ; mais tout le monde aussi voulait se servir de cet accident-là pour faire couper la tête à ses ennemis.

Ceux pour qui j'écris cette histoire — et toutes celles qui précèdent — les liront-ils ? Comprendront-ils qu'elles sont, comme on dit aujourd'hui, « représentatives » de centaines de cas identiques ? Prendront-ils la seule décision qui puisse sauver ce pays de l'imminente faillite ?

LII

Il faut débarrasser cette colonie — peut-être toutes les colonies — de leur représentation politique. Il faut qu'il y ait unité d'action dans l'exercice du commandement qui, à cette heure, s'éparpille entre les mains de cent maîtres. Il ne s'agit pas dans l'occasion de savoir si une république osera donner tant de pouvoirs à un proconsul, mais si la France veut, oui ou non, conserver sa colonie.

— Je me fais l'effet, disait un jour le gouverneur de l'Algérie, d'une espèce de bey de Tunis. Je me trompe, cet homme-là n'a qu'un tuteur, tandis que moi...

Pris entre la députation coloniale et les bureaux de Paris, le gouverneur général de l'Algérie n'a pas le droit de déplacer un garde forestier. Théoriquement, il est là pour créer, pour organiser la colonisation; mais s'il demande des nouvelles d'un centre agricole en formation, l'inspecteur d'agriculture lui répond :

— Je ne relève que de mes chefs, du ministre qui m'a nommé. Je n'ai pas le droit de vous donner les renseignements que vous me demandez.

C'est donc à Paris qu'un gouverneur général de l'Algérie doit passer une partie de son temps s'il veut être quelque peu renseigné sur ce qui se passe dans son royaume, surtout s'il veut défendre contre la coalition les appétits électoraux, les intérêts perpétuels de la colonie. Mais là encore, plus d'une déception l'attend.

Je suppose qu'il ait médité de faire donner le Mérite agricole à un colon qui aura, par exemple, transformé par des plantations de palmiers toute une région jadis inculte, ouvert une grande route à l'influence française, créé des oasis. Il aura la stupéfaction de recueillir cette réponse dans les bureaux de Paris :

— Mais, Monsieur le gouverneur général, l'élevage du palmier, ce n'est pas de l'agriculture... Le palmier est un arbre de décoration... d'art. Demandez pour votre candidat les palmes académiques...

Ce propos ayant été répété à la tribune du parlement par le gouverneur de l'Algérie, il faut bien croire qu'il a été tenu en effet. On peut en France le juger merveilleusement divertissant. De ce côté-ci de la mer, les honnêtes gens le trouvent triste. Qu'il s'agisse d'instruction publique, de finances, de colonisation, de commerce, d'industrie ou d'agriculture, ils constatent chaque jour que leurs intérêts les plus sacrés sont administrés de Paris avec de fatales incompétences. Ils maudissent ce système absurde des rattachements que l'on inventa pour conserver une place lucrative à un personnage incapable, que le népotisme avait placé à la tête de la colonie. Dans leur impatience de la désorganisation, de l'insécurité dont ils souffrent, ils réclament à grands cris la force.

On ne pourra pas apporter de remède à leur mal, tant que le pouvoir sera aux mains de la clientèle électorale que j'ai dépeinte, tant que les préfets ne s'occuperont que de politique, tant que l'Algérie leur apparaîtra sous la figure du conseil général. Du moins un gouverneur, soutenu par les Chambres, pourrait-il régler la question indigène, rétablir la sécurité compromise, retarder et peut-être conjurer la banqueroute. Il empêcherait que les contributions indigènes, détournées de leur emploi équitable, soient uniquement affectées aux intérêts européens. Il empêcherait que conseillers généraux et parlementaires terrorisent les administrateurs et leur proposent des avancements de faveur en échange de l'abandon des intérêts qu'ils ont mission de défendre.

— Soyez indulgent pour mon client, disait naguère un illustre avocat du barreau de Paris au tribunal qui voulait doter d'un conseil judiciaire un fils de famille notoirement prodigue. Soyez indulgent pour mon client, il s'amendera, il va travailler ; *je le ferai nommer quelque chose en Algérie.*

Le tribunal a souri, le public a battu des mains. Mais, une fois de plus, à nous autres colons, cette gaieté nous a serré le cœur. Certes, nous estimons à son juste prix la vertu de tant de fonctionnaires qui, pour des salaires dérisoires, sans rien sacrifier de leur dignité, sans transiger avec leur conscience, défendent au péril de leur fortune particulière les intérêts supérieurs qui leur sont confiés. Mais combien sont-ils dans ce pays, ces bons Français qui soutiennent les quatre coins de l'édifice et empêchent qu'il ne s'écroule? La faveur, le népotisme, décident des avancements, distribuent les places. Longtemps la colonie a été un dépotoir pour la métropole. L'administration y envoyait ses chevaux de réforme, la politique ses enfants perdus, la bourgeoisie ses fils prodigues. « Messieurs du Tribunal, ce jeune homme n'est bon à rien, je le ferai nommer quelque chose en Algérie. »

LIII

Éric, sa femme et ses enfants nous ont quittés depuis une semaine pour aller se reposer en Kabylie et pour couper leurs fièvres. C'est moi qui vais voir le matin si les Mahonnais sont à leurs friches, si les agneaux paissent au bord de la rivière, si les charrues commencent à entamer les champs dépierrés.

J'ai la responsabilité des orges qui poussent, des chevreaux, qui, chaque jour plus haut, grimpent dans la montagne, à la recherche des myrtes et des cytises.

J'ai la surveillance d'Ad-el-Kader qui continue de voler notre eau, de son dromadaire qui s'obstine à piétiner nos semailles...

... Au retour de ma tournée matinale, avant d'entrer dans la maison fraîche, je m'assois un instant sous le petit caroubier qui, au pied de la terrasse, met de l'ombre sur un banc de bois.

De cette place, j'embrasse tout le paysage, les souples sinuosités du torrent, fleuries de lauriers-roses, la ligne sévère du mamelon qu'un fort écroulé couronne.

Là-bas, derrière les eucalyptus, j'aperçois les ruines d'un bain turc, très près les ondulations d'un camp romain, effacées comme des tombes. Toute l'histoire de ce pays est devant moi et je ne sais ce matin ce qui me sourd le plus mélodieusement dans le cœur, de la mélancolie de ces choses passées, de la tristesse de mon départ tout proche, ou de la splendeur ressuscitée du printemps libyen.

Ces coteaux, quand nous vînmes, ces croupes abruptes de montagnes étaient brûlées comme des rocs. Les germes, prisonniers sous la sécheresse de la terre, y semblaient murés pour toujours. Ils dormaient seulement. Les pluies leur ont foré des issues ; elles ont ouvert des routes à ces souffles d'amour. Une fois de plus, la vie rajeunit la terre.

Je songe que mon cœur a suivi cette évolution des saisons. Je l'ai apporté ici, las des efforts anciens, saturé de dégoût. Cependant il a fait comme toutes ces graines, il s'est gonflé dans le bon sillon où je l'avais mis ; le voilà tout près de refleurir. Et la plante nouvelle a de solides racines, elle monte vers le ciel très saine et très drue. Elle est décidée à produire des fruits par où d'autres pourront se rafraîchir.

Voudront-ils seulement les cueillir? Qu'importe. Quand ma bonne volonté serait perdue pour les autres, elle aura été féconde pour moi-même.

Ici j'ai fait la connaissance de ceux que j'aimais. Que de fois, dans la dissipation des villes, j'avais rêvé la solitude complète qui mettrait ces êtres chers à ma merci ! Que de fois j'avais souhaité le droit de leur dire :

— Tout ce que vous avez vous vient de moi.

Ici, j'ai pétri leur pain, j'ai égorgé moi-même les bêtes dont je les nourrissais ; j'ai touché à leurs cerveaux avec l'émotion d'un prêtre qui va consacrer des hosties. Au moment où la vie ne leur plaisait plus, je les ai suppliés d'aimer la vie.

Sûrement cette discipline m'a fortifié, mais, en même temps, elle m'a obligé de faire, une fois de plus, un acte d'humilité : elle m'a enseigné la limite de mes forces.

Je reviens de cette retraite dans la vie primitive merveilleusement citoyen. Je reviens avec un senti ment rajeuni de respect et de reconnaissance pour l'héritage des efforts et des souffrances des aïeux. Je sais maintenant au profit de quel drapeau je veux dépenser les énergies que je me suis refaites, quelles décisions m'impose, désormais, mon amour des hommes.

FIN

DERNIÈRES PUBLICATIONS

Format grand in-18, à 3 fr. 50 le volume.

	vol.		vol.
G. D'ANNUNZIO		**LOUIS LÉTANG**	
L'Enfant de Volupté.....	1	Le Supplice d'un père ..	1
RENÉ BAZIN		**PIERRE LOTI**	
Terre d'Espagne.........	1	Jérusalem............	1
BRADA		**MASSON-FORESTIER**	
Jeunes Madames	1	La Jambe coupée........	1
ÉDOUARD CAROL		**F. MARATUECH**	
Suzanne Herbain........	1	L'Échéance !............	1
ÉDOUARD DELPIT		**GABRIEL MONOD**	
Dernier rêve............	1	Renan, Taine, Michelet...	1
ANATOLE FRANCE		**HENRY RABUSSON**	
Le Puits de Sainte Claire	1	Monsieur Cotillon........	1
LOUIS GALLET		**J. RICARD**	
Doris...................	1	Acheteuses de rêves.....	1
EDMOND GONDINET		**RICHARD O'MONROY**	
Théâtre complet, t. IV...	1	Histoires tendres	1
GYP		**PAUL DE SAINT-VICTOR**	
Le Cœur d'Ariane......	1	Victor Hugo............	1
ARSÈNE HOUSSAYE		**VICOMTE DE SPOELBERCH DE LOVENJOUL**	
L'Amour comme il est ...	1	Les Lundis d'un chercheur.............	1
PRINCE DE JOINVILLE		**LÉON DE TINSEAU**	
Vieux Souvenirs.........	1	Dette oubliée...........	1
HENRI LAVEDAN		**J.-J. WEISS**	
Le Vieux marcheur......	1	Le Drame historique et le drame passionel...	1
HUGUES LE ROUX			
Notes sur la Norvège....	1		

Paris. — Imprimerie A. DELAFOY, 3, rue Auber.

www.ingramcontent.com/pod-product-compliance
Lightning Source LLC
Chambersburg PA
CBHW050307170426
43202CB00011B/1807